CURVAS
PELIGROSAS

CURVAS PELIGROSAS

En pos de la pureza moral

LARRY SCHNEDLER

WESTBOW
PRESS
A DIVISION OF THOMAS NELSON

WestBow Press books may be ordered through booksellers or by contacting:

WestBow Press
A Division of Thomas Nelson
1663 Liberty Drive
Bloomington, IN 47403
www.westbowpress.com
1-(866) 928-1240

ISBN: 978-1-4497-7702-9 (e)
ISBN: 978-1-4497-7703-6 (sc)
ISBN: 978-1-4497-7704-3 (hc)
Library of Congress Control Number: 2012922670

Los textos bíblicos se han tomado de la versión Reina Valera 1960, a menos que se indique otra, como la LBLA (Biblia de Las Américas) o NVI (Nueva Versión Internacional).

Los casos citados son verídicos, pero los nombres han sido cambiados para proteger la identidad de las personas.

Para contactar al autor:

Larry Schnedler
P.O. Box 380774
San Antonio, Texas 78268 E.U.A.
Teléfono y fax: (210) 647-4614
Email:
larry@PanAmericanMinistries.org
larryschnedler@gmail.com
Página web: www.PanAmericanMinistries.org

Printed in the United States of America
WestBow Press rev. date: 12/14/2012

Contenido

Dedicatoria

Dedico este libro a Anita, mi esposa, que durante 50 años ha sido una fuente inagotable de ánimo y felicidad para mi vida. De joven me enseñaron: "Dios da lo mejor a los que dejan que él escoja". Dios ciertamente escogió a Anita para mí, dándome lo mejor. Nuestro matrimonio ha sido feliz y bendecido, "como los días de los cielos sobre la tierra" (Deut. 11:21b).

También lo dedico al Señor Jesús, nuestro ejemplo en el área moral de la vida, y la única fuente de pureza moral.

Agradecimientos

Antes que nada quiero expresar mi gratitud a mi esposa y compañera de vida, Anita, por su valiosísimo apoyo al leer y ayudar con el manuscrito de este libro, por sus ideas y sugerencias. Gracias también doy a mis hijos, Steven y Randy, por su ayuda con el aspecto técnico del trabajo del manuscrito.

Agradezco profundamente al pastor y editor Eugenio Torres, de Monterrey, N.L., México, por su valioso trabajo de edición, de convertir mi español en un lenguaje más adecuado.

Deseo expresar mi gratitud también a los pastores y líderes en el mundo de habla hispana que me han dado el gozo de estar a su lado, trabajando juntos por la extensión del Reino de nuestro Señor. Ustedes han sido una tremenda bendición para mi vida, y doy gracias a Dios por el privilegio de servir a mis hermanos en América Latina. No obstante los casos de líderes y pastores caídos citados en este libro, estoy consciente de que la gran mayoría de pastores y líderes son siervos de Dios fieles e íntegros, y buenos ejemplos de pureza espiritual y moral.

Finalmente quiero agradecerle a Wayne Myers, quien ha sido como un padre espiritual, mentor, ejemplo y amigo por muchos años. Gracias Wayne, por tu vida y ejemplo para nosotros y miles de personas más.

Prólogo

Por Wayne Myers

He conocido a Larry y Anita Schnedler por más de cincuenta años y me siento honrado que él me pida escribir el prólogo a este importante libro. Su testimonio es irreprochable y el fruto de su ministerio ha tocado varias naciones. En más de una ocasión nos ha tocado trabajar juntos en ministerio y he visto personalmente cómo los pastores con los cuales él trabaja lo respetan como a un verdadero siervo de Dios.

He leído varios libros relacionados con el problema creciente que está causando estragos, no sólo en la destrucción de ministerios fructíferos, sino también entre las congregaciones que sufren la vergüenza de un líder caído. Desde luego, es evidente que si el enemigo destruye al pastor, el rebaño será esparcido. Desafortunadamente las ovejas heridas pierden la confianza en el liderazgo cristiano y se vuelven renuentes a volver a confiar en los líderes. ¡Qué pérdida! ¡Qué tragedia!

Parece ser que quienes caen en la trampa de la inmoralidad no reconocen que las consecuencias nunca serán enteramente borradas. Gracias a Dios hay perdón para el líder caído, pero los resultados de este pecado permanecen grabados en las mentes y corazones de quienes son directa o indirectamente afectados. En 1 Corintios 12:26 Pablo declara con toda claridad que cuando un miembro del cuerpo de Cristo padece, el resto de Su cuerpo se duele con él. Necesitamos reconocer que somos interdependientes los unos de los otros, tal como los miembros de un cuerpo físico están estrechamente interconectados. Y cuando un miembro sufre, la salud de todo el cuerpo es afectada. Se ha dicho que aun la persona más humilde tiene una influencia directa sobre al menos ochenta personas, pero la caída de un líder afecta a miles, y en algunos casos a millones de personas. ¡Es triste y desconcertante!

Creo que este libro, *Curvas Peligrosas*, es uno de los más completos que se hayan escrito sobre este importante tema, no sólo porque elucida las señales de advertencia, sino porque también expone el alto costo de este pecado, cuyos tentáculos de influencia negativa se extienden cada vez más. Larry nos enseña cómo vivir en pureza de pensamiento y acción, asegurándonos así que la victoria de Jesús sobre el poder de la tentación es más que suficiente para guardarnos del abismo de destrucción.

Siento que este libro, al ser aplicado a la vida de los siervos de Dios, salvará a muchos de la vergüenza de una desgracia moral. Es mi convicción que *Curvas Peligrosas* debe ser leído y releído por toda persona, sin importar su edad, que se encuentre en algún ministerio cristiano, pues se aplica a todos. Mi oración es que la circulación del libro no alcance a sólo el mundo de habla hispana, sino también a muchas otras naciones.

Wayne Myers
Misionero veterano a México por 66 años

Curvas Peligrosas

En pos de la pureza moral

Introducción

Al viajar por las carreteras encontramos señales que nos advierten de peligros potenciales que ponen en riesgo nuestra vida. Nos alertan y previenen para que disminuyamos la velocidad o, en algunos casos, nos detengamos. El propósito de las señales es evitar tragedias. El conductor sabio hace caso, disminuye la velocidad, y aplica la precaución correspondiente. Una de esas señales es: "Curvas peligrosas".

Al viajar por el camino de la vida, especialmente quienes estamos en liderazgo en el cuerpo de Cristo, nos damos cuenta de que Dios ha puesto "señales" para que evitemos desgracias. A menudo vemos sitios marcados con cruces en las vías públicas donde algunos murieron por falta de precaución. El motivo de escribir sobre este tema es salvar a los siervos de Dios, pastores y otros líderes (y creyentes en general), de la desgracia de caer en una de las trampas más sutiles y efectivas que nuestro enemigo,

Satanás, ha podido usar contra nosotros: la inmoralidad, el pecado sexual.

Las cifras que presentaremos son alarmantes (aunque algunas estadísticas son tomadas de los Estados Unidos), de muchas denominaciones, grupos y ministerios, nos dan un cuadro general de la problemática que vive el cuerpo de Cristo en todo el mundo. (Las estadísticas son más accesibles en ese país debido a estudios y encuestas realizados). Aunque las estadísticas pueden variar por factores culturales o sociales, sospecho que no son muy diferentes de otros países del mundo. La naturaleza humana, con sus debilidades y tendencias, sigue siendo igual en todos los ámbitos culturales del planeta. Algunos de los casos citados son de líderes de América Latina.

Las palabras de Cristo en Mateo 26:41 hacen eco en nuestros tiempos con resonante impacto: *"Velad y orad, para que no entréis en tentación; el espíritu a la verdad está dispuesto, pero la carne es débil"*. La mayoría de las personas que caen moralmente no tienen intenciones de hacerlo. Es más, afirman que ese tipo de situación no es problema para ellos, que tienen control de sus emociones, acciones y decisiones. Sin embargo, al sentirse fuertes y en control bajan la guardia y luego, cuando menos lo esperan, una tentación los atrapa y caen. *"Así que, el que piensa estar firme, mire que no caiga"* (1 Cor. 10:12).

Este libro es un mensaje de advertencia para quienes se encuentran en un tramo donde hay "curvas peligrosas". A la vez es una súplica para que se detengan, reconsideren y vuelvan a un camino más seguro: el de obediencia a La

Palabra de Dios y a una vida de santidad y rectitud. El pecado sexual sólo lleva hacia la tragedia, y el precio es demasiado elevado. También es mi deseo que el libro sea útil para quienes ministran a otros líderes y creyentes caídos. Aunque habla de otros tipos de pecado sexual que pueden atrapar a los líderes, el libro se enfoca principalmente en la inmoralidad (fornicación) y el adulterio, la infidelidad matrimonial.

Quien encubre su pecado jamás prospera; quien lo confiesa y lo deja, halla perdón (Prov. 28:13 NVI).

Nadie está exento de caer en este tipo de tentación, absolutamente nadie. El pastor y escritor Bill Perkins dijo: "Si crees que no podrías caer en este pecado, entonces eres más santo que David, más fuerte que Sansón, y más sabio que Salomón".[1] Otro líder de mucha experiencia declaró a un grupo de pastores: "Es probable que haya por lo menos una docena de mujeres en tu iglesia dispuestas a acostarse contigo". Las tentaciones son muchas, sutiles y fuertes. Son muchos los que han caído en ellas, pero hay esperanza. Si los líderes cristianos reconocemos los peligros y hacemos caso a las señales de advertencia, podremos salvarnos de la desgracia, el dolor, la angustia, y la vergüenza de una caída moral. Salvar siquiera a un solo líder[2] de esa desgracia valdrá la pena, y hará que todos nuestros esfuerzos sean recompensados.

Por lo tanto, este libro, está dirigido a tres clases de personas: 1) A quienes en este tiempo están practicando algún tipo de pecado sexual y están pisando un terreno peligroso, para que sepan escapar de la trampa y restauren la pureza moral en sus vidas; 2) A quienes no han caído, para que les sirva de prevención y ánimo para evitar la trampa, y 3) a quienes ayudan a otros a ganar la batalla de la tentación sexual. Mi deseo es que todo líder y todo creyente en Cristo esté consciente del peligro, y tome en cuenta las señales, especialmente las de "curvas peligrosas".

Notas

[1] Perkins, Bill, *When Good Men Are Tempted*, (*Cuando los hombres buenos son tentados*), E.U., Zondervan Publishers, 1997, 2007, p. 88

[2] La mayoría de quienes caen son varones, por eso en la mayoría de los casos usamos términos masculinos como "el líder", "el marido", "el extraviado" o "el varón", etc. Sin embargo, en la actualidad la tentación de la infidelidad también es grande y sutil para la mujer. De hecho, ha habido un incremento notable en problemas de esta índole entre esposas jóvenes, las cuales constituyen el grupo de mayor crecimiento con este problema. (De hecho, esposas jóvenes con siete años o menos de casada, constituyen este grupo de mayor crecimiento en infidelidad).* Esto se debe al hecho de que la mujer ha entrado, en números crecientes, a los lugares de trabajo y se encuentra cada vez más en contacto con personas y situaciones donde la tentación se presenta con mayor facilidad. La "liberación femenina" ha tenido una influencia notable en esta área. Por eso los lectores de este libro deben tomar en cuenta que el caso puede ser invertido y los mismos principios y verdades bíblicas se aplican también a mujeres.

[3] Dave Carder, enseñando en el "Curso Healthy Sexuality" ("Sexualidad sana") de Light University, Forest, Virginia, p. 276ss

¿Problema, o epidemia?

"...la voluntad de Dios es vuestra santificación; que os apartéis de fornicación; Pues no nos ha llamado Dios a inmundicia, sino a santificación".
1 Tesalonicenses 4:3, 7

G. Lloyd Rediger, consejero de pastores, calcula que el 10% de ministros son culpables de pecado sexual, y que a otro 15% les falta poco para cruzar la raya.[1]

Nadie está exento de la posibilidad de una caída moral—absolutamente nadie.

Guillermo era un pastor joven, lleno de entusiasmo por su ministerio, capacitado además para ser consejero matrimonial y familiar. Estaba casado con una buena esposa y tenía tres hijos. Al parecer tenía una familia ejemplar. Eran muy amados y apreciados por su iglesia y la comunidad, pero Guillermo tenía un problema: vivía en pecado sexual. Veía pornografía, asistía a salones de masaje, y era lujurioso. Pensaba que su esposa no lo amaba y que necesitaba y merecía atención sexual de otras mujeres. En su consejería comenzó a establecer vínculos emocionales y románticos con mujeres que buscaban sus consejos. Tales contactos terminaban en relaciones sexuales con algunas de ellas.

Roberto era pastor de jóvenes en su iglesia en un país de Latinoamérica. Se enamoró de una joven de la iglesia, y comenzó a hacer planes para su boda. Dos semanas antes de su boda con Marta tuvo relaciones sexuales con otra joven de la iglesia. Su pecado no se reveló sino hasta después de la boda. En consecuencia, perdió su ministerio, y su matrimonio ha sido muy difícil, con períodos de separación y grandes luchas.

Ricardo era pastor de una iglesia próspera. Su "aventura" con una mujer de la congregación parecía no satisfacer sus "necesidades" de intimidad sexual, pues tuvo otra y después otra, de manera que sostenía tres relaciones a la vez. Cada una de las mujeres pensaba que era la única, y que su relación ayudaba al pastor, ¡dando gozo a su vida y aliviando su estrés!

Un pastor de San Antonio, Texas me dijo: "Sé, por testimonio de las mujeres que buscan consejería en mi iglesia, que en esta ciudad varios pastores han cometido adulterio [con ellas]".

Un estudio realizado por la revista Newsweek, en 1997, reportó que posiblemente hasta el 30% de pastores había cometido adulterio.[2] Una encuesta de un grupo de pastores bautistas en 1993 reveló que el 14% de ellos había cometido conducta sexual inapropiada para un ministro, y el 70% de ellos había aconsejado a por lo menos una mujer que había tenido relaciones sexuales con algún pastor.[3]

Una encuesta con 300 pastores en Los Estados Unidos conducida por la revista cristiana Leadership (Liderazgo) reportó que el 33% de ellos admitió haber tenido alguna "conducta sexual impropia" con alguien en su iglesia;[4] el 20% confesó haber tenido una aventura (emocional o física) estando en el ministerio, y el 12% admitió haber tenido relaciones sexuales extramaritales estando en el ministerio.[5]

> El 33% de ellos admitió "conducta sexual impropia" con alguien de su iglesia.

En un estudio el 40% de los líderes cristianos entrevistados admitió tener problemas con la pornografía. Otro estudio reveló una estadística alarmante: el 51% de pastores dijo que la pornografía en la Internet les era una tentación, mientras el 37% confesó que era una lucha actual para ellos. El 33% admitió haber visitado un sitio pornográfico. Un total de 18% dijo que visitaba sitios pornográficos más de una vez a la semana. El conocido ministerio cristiano Enfoque a la Familia tiene un departamento de ayuda para pastores, y reporta que el 20% de las llamadas que reciben de pastores tiene que ver con la pornografía o la conducta sexual impropia en sus propias vidas.[6]

Los hoteles reportan que pastores y líderes cristianos son quienes más usan el servicio pagado de televisión de pornografía en las habitaciones. En una convención de la NRB (Asociación de productores de programas de radio y televisión), el hotel donde se realizó reportó que el 80% de los huéspedes usaron ese servicio.[7]

> Los pastores tienen la segunda tasa más alta de divorcio de todas las profesiones.

El 24% de los pastores en los Estados Unidos ha recibido consejería para sus propios matrimonios. El 13% se ha divorciado. Los pastores tienen la segunda tasa más alta de divorcio de todas las profesiones.[8] Alguien ha comentado que el 50% afirma que no está satisfecho o contento con su vida íntima en su matrimonio.

El evangelista Stephen Olford testifica que en una ocasión estaba predicando en una conferencia de pastores sobre la fidelidad en matrimonios ministeriales. El Espíritu Santo vino con gran convicción de pecado y cientos de pastores y líderes pasaron al frente llorando. Seis de ellos renunciaron a su pastorado en el momento. Uno estaba teniendo una aventura con su secretaria. Otro estaba involucrado sexualmente con varias mujeres del coro de su iglesia. Otro iba a salones de masaje, ¡cargándolo a la cuenta de la iglesia![9]

Por años, un pastor hispano tuvo relaciones sexuales con dos de sus cuñadas, hermanas de su esposa. Otro pastor, líder de una iglesia grande en el sur de los Estados Unidos, junto con dos miembros más de su equipo pastoral, sostenía relaciones sexuales con mujeres que recibían consejería con ellos. Otro pastor drogaba a mujeres que llegaban con él para recibir consejería, y éstas dormían mientras él tenía relaciones sexuales con ellas. El pastor de una mega-iglesia en Norteamérica (que también era líder cristiano de influencia nacional e internacional) estaba atrapado en el pecado del homosexualismo. Sus actividades inmorales fueron descubiertas, y fue despedido de su iglesia.

Carlos, un misionero en Centroamérica, se divorció de su esposa para casarse con una mujer joven que trabajaba con él en su ministerio de literatura, ¡y ella se divorció de su esposo para casarse con Carlos! Otro misionero solía subir a vehículos de transporte público repletos de gente para sentir placer sexual cuando su cuerpo tocaba el de las mujeres, pero también las tocaba con las manos

El hijo de un amigo mío perdió a su esposa cuando ella encontró un nuevo "amante" en la Internet. Ella abandonó a su esposo y a sus hijos para ir en pos de su nuevo "amor".

Enrique consiguió una nueva computadora para Navidad. Para el mes de febrero había gastado $100,000 dólares en pornografía en la Internet.

El pastor Ted Roberts, un hombre rescatado de una vida de adicción sexual que ahora ministra a centenares de hombres con problemas sexuales, dijo que cuando él visita congregaciones encuentra que entre 50 y 60% de los varones están luchando por quedar libres de ese problema.[10]

El consejero cristiano Russ Willingham dice que los hábitos sexuales no sanos pueden convertirse en adicciones. Calcula que entre el 40 y 60% de hombres cristianos son adictos a la pornografía de Internet, la masturbación compulsiva, las aventuras o las fantasías.[11]

Una mujer testifica que su marido se hizo adicto a la pornografía de la Internet, y después tuvo varias aventuras con otras mujeres. Hay muchas esposas quebrantadas, resentidas y deprimidas debido a los fracasos en la vida moral de sus maridos. Una encuesta con esposas de pastores en Los Estados Unidos reveló que el 50%, viven deprimidas por las presiones y problemas de la vida pastoral. Cuando añadimos a esto la tormenta de un marido caído, el resultado es devastador. También hay esposos cuyo corazón se siente hollado por la traición de sus esposas. Un colega ministerial de nosotros, un pastor joven, tuvo una experiencia amarga cuando su esposa lo dejó y le dijo que lo hacía "para seguir mi propia vida". Quince esposos en una congregación fueron desbaratados emocional y espiritualmente cuando descubrieron que sus esposas habían tenido una aventura con un líder de su iglesia.

Un pastor admitió haber actuado sexualmente, de una forma u otra, con unas sesenta personas en su congregación. Sin embargo, ese pastor permaneció al frente de su iglesia por veinticinco años, sin que nadie dijera nada. Un misionero en México, amigo de nosotros, nos contó que había encontrado a otro misionero, compañero de él, en un motel con una mujer extraña. El varón supuestamente estaba en un "retiro espiritual" para "orar y buscar a Dios".

Los expertos dicen que más del 50% de los matrimonios que experimentan infidelidad terminan en divorcio, y algunos insisten en que la cifra llega hasta el 65%. Esto nos da una idea del enorme daño y perjuicio que causan nuestras faltas sexuales.[12] El Barna Research Group, que realiza encuestas y estudios entre la población, reporta que entre el 20 y 40% de matrimonios cristianos en Estados Unidos son afectados por la infidelidad.[13]

Vicente era pastor de una iglesia creciente y próspera en uno de los estados de Norteamérica. Un día descubrió en su patio una revista pornográfica que alguien había tirado allí. Después de hojearla por unos momentos la tiró a la basura. Pero las imágenes se quedaron grabadas en su mente y las "veía" mentalmente, a veces en la madrugada. Comenzó a fantasear, imaginándose cómo sería experimentar las cosas que había visto en la revista. Su comunidad estaba llena de prostitución, salones de masaje, tiendas de videos de XXX, etcétera. No tardó en empezar a visitar poco a poco, esos lugares. La pornografía, la prostitución y aventuras con otras mujeres vinieron a ser un estilo de vida casi continuo.

La culpa, el temor y la depresión, lo llevaron a un punto de desesperación y decidió tomar su propia vida. Una noche, momentos antes de comenzar el servicio, se encontraba en su coche frente a su iglesia. Dentro de unos minutos tenía que estar adentro, presentando al orador invitado de esa noche. Pero Vicente no quería estar en la iglesia. Quería morir. El revólver que había conseguido estaba apuntando a su sien, y su dedo temblaba en el gatillo.

> Le costó su ministerio, su iglesia, y años de recuperación para restaurar su vida y matrimonio.

La tensión aumentó hasta llegar a un punto culminante y, por la gracia de Dios, tomó otra decisión. Colocó el revólver en el asiento de su carro y se dirigió a su casa, donde derramó toda la historia sombría de sus actividades a su esposa. Se desató una tempestad feroz para él y su esposa. Aunque hoy se encuentra en un ministerio fructífero, en aquel tiempo le costó su ministerio, su iglesia, y años de recuperación para restaurar su vida y matrimonio.

José, un pastor en Centroamérica, obligaba a su hija de unos diez años de edad a desvestirse, y la tocaba mientras él se masturbaba. Esto se repetía en numerosas ocasiones. Cuando al fin la hija reportó lo ocurrido, hubo violencia física contra ella cuando su padre la golpeó, dañando uno de sus ojos. Intervino la ley, y una agencia social del gobierno le quitó a su hija y la llevó a un hogar de asistencia social. Otro pastor, del mismo país, fue acusado de manosear una adolescente durante una madrugada, hija de unos visitantes que se encontraban hospedados en su casa. Otro pastor obligaba a su hija pequeña a tocarlo en los genitales para estimularse sexualmente, lo cual ocurrió en muchas ocasiones. Un líder cristiano en Texas, conocido de nosotros, se exhibió desnudo delante de su hijastra, una adolescente.

Un conocido ministro en Los Estados Unidos, con un ministerio profético muy acertado y ungido, durante muchos años ocultó una adicción doble: el alcoholismo y el homosexualismo. Otro, también un reconocido "profeta" en el cuerpo de Cristo, practicaba el homosexualismo y ¡hasta mantenía una relación homosexual con su yerno, el esposo de su hija!

Estos ejemplos representan sólo una gota en un mar de casos ocurridos, pero demuestran que no estamos tratando con un simple problema en el cuerpo de Cristo, sino con una epidemia manifestada en todos los niveles de liderazgo cristiano, y extendida a todas las culturas y ámbitos sociales.

Antonio, pastor de una iglesia próspera en una ciudad capital en América Latina, decidió abandonar a su esposa e hijos porque se había enamorado de una joven de su iglesia.

La problemática del pecado sexual, que asecha a todos— hombres y mujeres, creyentes y no creyentes, gente de toda edad, de toda cultura y área geográfica del planeta— aparece en muchas formas y expresiones. En el siguiente capítulo veremos algunas

> Conocer al enemigo con sus sutilezas y estrategias ayuda a evitar sus trampas.

de esas formas. Conocer al enemigo con sus sutilezas y estrategias ayuda a evitar sus trampas y seguir en pos de la pureza moral.

Para reflexionar...

1. ¿Le sorprende que el problema del pecado sexual sea tan extenso en el mundo, especialmente en las iglesias?

2. ¿Estaba usted consciente del tremendo poder y atracción que ejerce la pornografía, especialmente en la Internet?

3. ¿Qué precauciones está tomando usted para guardar su corazón y asegurar la pureza moral en su vida?

4. ¿Está de acuerdo con el autor en que el pecado sexual es una epidemia en el cuerpo de Cristo? ¿Cuál cree que sea la solución a este problema?

5. ¿Qué sintió usted al leer este capítulo: lástima por las personas caídas, censura, condenación, depresión, enojo? ¿Cuál cree usted que sería la reacción más apropiada?

Notas

[1]   Rediger, G. Lloyd, citado en *Ministerial Ethics* (Etica Ministerial), por Joe E. Trull y James E. Carter, p. 81, Broadman & Holman Publishers.

[2]   Woodward, Kenneth, *Sex, Morality and the Protestant Minister* (El sexo, la moralidad, y el ministro protestante), artículo en la revista *Newsweek*, edición 28 de julio de 1997, pág. 62

[3]   Anderson, Kerby, Marriage, Family, & Sexuality (Matrimonio, familia, y sexualidad), Grand Rapids, Michigan, Kregel Press, 2000, p. 92. Información tomada del Journal of Pastoral Care (Publicación periódica de cuidado pastoral)

[4]   London, H.B. Jr., y Wiseman, Neil B., *Pastors at greater risk* (Pastores en riesgo), Regal Publishers 2003, p. 20

[5]   *Ibíd*, p. 238

[6]   *Ibíd*, p. 238

[7]   De un artículo de periódico, fecha y fuente desconodidas

[8]   London, H.B. Jr., y Wiseman, Neil B., *Pastors at greater risk* (Pastores en riesgo), Regal Publishers, 2003, p.86

[9]   Olford, Stephen, *The Calling of an Evangelist* (El llamado de un evangelista), compilación de mensajes presentados en Amsterdam en 1986, en el Congreso mundial de evangelistas. El capítulo escrito por Stephen Olford se titula: "El evangelista y la vida de santidad", 1987, *World Wide Publications*, p.9

[10] London, H.B. Jr., y Wiseman, Neil B., *Pastors at Greater Risk* (Pastores en peligro), Regal Publishers, 2003, p. 249. Ted Roberts es pastor de la Iglesia Cuadrangular, Gresham, Oregon, EUA.

[11] Curso sobre Treating Sexual Addiction (Tratamiento de la adicción sexual), de Light University, Forest Virginia, 2007, Manual de estudio, p. 21.

[12] Ibíd, p. 11

[13] Barna Research Group, citado en el curso sobre "Healthy Sexuality" (Sexualidad sana), de Light University, Forest, Virginia.

2

Tipos de Pecado Sexual

...y ellos, habiendo llegado a ser insensibles, se entregaron a la sensualidad para cometer con avidez toda clase de impurezas. Efe. 4:19 LBLA

Han perdido toda vergüenza, se han entregado a la inmoralidad, y no se sacian de cometer toda clase de actos indecentes. Efe. 4:19 NVI

"Toda clase de impurezas" se refiere a la amplia diversidad de pecados sexuales que representan tentaciones en la vida del hombre. Desafortunadamente, algunos de ellos son motivo de atracción y tentación también para los siervos de Dios. En este capítulo veremos algunas de las formas en las que el pecado sexual se presenta, con el fin de conocer las características de cada una y de ver cómo nosotros, como creyentes en Cristo, podemos repeler sus influencias destructivas.

- Fornicación. El vocablo griego porneia, deriva de porne (prostituta).[1] Bíblicamente, es un término general que abarca toda clase de conducta sexual inmoral, incluyendo relaciones sexuales prematrimoniales, homosexualidad, prostitución (de hombres o mujeres), pornografía, incesto, adulterio, lascivia, etc. La palabra fornicación también se usa comúnmente para referirse a las relaciones sexuales entre solteros. Se practica por no contener las pasiones antes de su matrimonio o, como en algunos casos, por puro placer y "diversión". Esto refleja el espíritu de este siglo, llamado "la nueva moralidad", o "revolución sexual".[2] Este concepto de sexualidad rechaza como anticuada toda ley moral en cuanto a la vida sexual, y demanda total libertad para participar en todo tipo de acto sexual, libre y sin restricción. El fruto ha sido miles de jóvenes embarazadas, bebés nacidos fuera del matrimonio (muchos sin padre), vidas quebrantadas y confundidas, enfermedades sexuales transmitidas, y la proliferación del aborto. El resultado incluye a muchos jóvenes varones que engendran hijos, pero no saben ser padres responsables. Un nuevo hogar, formado sobre el "fundamento" de la inmoralidad, tiene poca probabilidad de ser un hogar estable y duradero. Jóvenes que practican la inmoralidad durante su vida de solteros están más propensos a ser infieles a su cónyuge una vez que se casan. En un sentido, la inmoralidad es infidelidad a la futura cónyuge.

- Las "aventuras". Antes de exponer las distintas clases de aventuras, es importante ver algunos hechos fundamentales acerca de ellas y las relaciones indebidas que se presentan. Una aventura ocurre cuando hay una relación o lazo emocional o físico entre dos personas, y cuando por lo menos una de ellas es casada. La relación es ilícita porque involucra la infidelidad al, o a la cónyuge.

Adulterio es la violación de votos y promesas de fidelidad y exclusividad. Significa infidelidad o deslealtad al, o a la cónyuge, traicionar los votos hechos al iniciar la vida matrimonial. Al tener relaciones sexuales extramaritales, uno es infiel a sus promesas de proteger, cuidar y amar exclusivamente a su cónyuge. El término también se usa en La Biblia en sentido espiritual para referirse a la infidelidad a Dios por parte de su pueblo. Por ejemplo, Santiago 4:4 dice: "¡Oh almas adúlteras! ¿No sabéis que la amistad del mundo es enemistad hacia Dios? Por tanto, el que quiere ser amigo del mundo, se constituye enemigo de Dios".

> Adulterio es la violación de votos y promesas de fidelidad y exclusividad.

Aunque la mayoría de los casos de adulterio ocurre entre hombres casados y mujeres solteras, el adulterio puede suceder en una diversidad de situaciones. La Biblia describe el adulterio como traición al pacto de matrimonio que un varón hace con su mujer.

"Porque Jehová ha atestiguado entre ti y la mujer de tu juventud, contra la cual has sido desleal, siendo ella tu compañera, y la mujer de tu pacto... Guardaos, pues, en vuestro espíritu, y no seáis desleales para con la mujer de vuestra juventud" (Malaquías 2:14–15). Véase también Proverbios 2:16–17, donde, en este caso, es la mujer quien viola el pacto matrimonial que hizo con su marido.

En Jeremías 29:21–23, el adulterio era una de las causas de la cautividad en Babilonia: "...porque hicieron maldad en Israel, y cometieron adulterio con las mujeres de sus prójimos..." (v.23). Éxodo 20:14 revela que la prohibición del adulterio constituye uno de los Diez Mandamientos de Dios, dados al principio de la vida de Israel como nación.

Hay varios tipos de "aventuras":

- La aventura prolongada o continua. Puede durar semanas, meses o, en casos raros, años. Se forman lazos más allá de lo emocional, e incluyen relaciones íntimas como si fueran varón y esposa.

- La aventura de "una sola noche". Ocurre en un momento de tentación con una persona, y las pasiones no controladas dan lugar a un encuentro sexual. Sea que lo busque el varón, o sea seducido, el resultado es el mismo: una caída en el abismo del pecado sexual. A veces ocurre en una sola ocasión. En otros casos, la aventura de una sola noche se repite muchas veces, con diferentes personas. Se ha dicho que hay personas "adictas" a las aventuras de una sola noche. Un hombre que practicaba este estilo de vida "disfrutó" de otra noche de placer sexual con una mujer que recién había conocido. Cuando despertó a la mañana siguiente, descubrió que su "amante" se había ido. En el espejo, escritas con pintura de labios, encontró las palabras: "Bienvenido al mundo del SIDA".

• *Adulterio emocional o mental.* Se parece a las fantasías porque se trata de algo que sucede en la mente de una persona, no en el mundo físico. Se disfruta de una relación ilícita con una persona en la imaginación. Se piensa mucho en la persona, se imaginan escenas románticas con ella, incluyendo relaciones sexuales. Cristo habló de esto en Mateo 5:28 cuando dijo: *"Yo os digo que cualquiera que mira a una mujer para codiciarla, ya adulteró con ella en su corazón".* Por eso La Biblia hace mucho énfasis en la necesidad de controlar nuestros pensamientos: *"... derribando argumentos y toda altivez que se levanta contra el conocimiento (Palabra) de Dios, y llevando cautivo todo pensamiento a la obediencia a Cristo"* (2 Cor. 10:5).

> La Biblia hace mucho énfasis en la necesidad de controlar nuestros pensamientos

Hay personas que no están dispuestas a cruzar la línea e ir "tan lejos", o sus circunstancias les impiden practicar el adulterio físico. Sin embargo, lo cometen en el corazón, quizá porque piensan que "no habrá consecuencias" (como cuando es físico). O bien aceptan que es la única forma en la cual pueden disfrutar la relación romántica deseada en su corazón. Puede vivirla un soltero con una mujer casada, o un hombre casado con otra mujer, soltera o casada. El adulterio emocional o mental:

1) demuestra que el matrimonio de la persona (si está casada) no es saludable. Algo anda mal en su relación con su cónyuge. Fantasear con una relación ilícita no arregla el problema. Es sólo fantasía que provee un escape del aburrimiento u otros problemas en su matrimonio.

2) indica que algo está mal en el propio corazón. Si deseamos algo que Dios prohíbe, es indicio de un espíritu de rebelión puesto de manifiesto en nosotros. Llegamos a creer que el estado en el que Dios nos permite vivir (soltería, matrimonio, etc.) no es de nuestro agrado, y buscamos algo más allá de lo que él nos concede. Este fue el engaño que la serpiente le vendió a Eva en el Edén: "Dios no te dio lo que mereces, él te ha defraudado, lo que tienes no es lo que podrías y debes tener; la esposa (o el esposo) que tienes no es lo que tú necesitas; tú mereces más". De pronto creemos esta mentira, pensando que lo que tenemos (matrimonio, cónyuge, etc.) no es ni apropiado ni suficiente. Pensamos que hemos sido "defraudados", por lo tanto buscamos algo más, lo que realmente "merecemos". Y, como Eva, caemos en la trampa.

El adulterio emocional o mental, entonces, no es ni más ni menos que la búsqueda de algo no dado por Dios, pero que codiciamos. La lista de los Diez Mandamientos prohíbe primero el adulterio (7º mandamiento), y luego prohíbe el deseo por la mujer

> El deseo de tener algo más allá de lo que Dios nos ha dado... es una señal de la rebeldía del hombre hacia Dios

de otro hombre: *"No codiciarás... la mujer de tu prójimo"* (10° mandamiento). El deseo de tener algo más allá de lo que Dios nos ha dado como cónyuge, matrimonio, etc., es una señal de la rebeldía del hombre hacia Dios: el deseo de seguir el propio camino, decidir lo que es mejor para uno y, en fin, vivir una vida independiente de Dios.

3) El adulterio emocional o mental puede ocurrir en las amistades surgidas entre un varón y una mujer. Cuando alcanzan cierto nivel, la cercanía creada por su amistad da lugar a un ambiente de confianza en el que uno comparte problemas y asuntos personales con el otro. Esto da lugar a una intimidad emocional, la cual, como dijimos antes, está a un paso de la intimidad física. Se trata de una intimidad falsa y preocupante, porque reemplaza la intimidad emocional que uno debe experimentar únicamente con su cónyuge. Una relación de amistad con una persona del sexo opuesto no es necesariamente inapropiada, pero sí debemos actuar con mucha cautela y precaución para evitar que se pase de la raya y se convierta en una relación indebida. Esto ha ocurrido en miles de casos.

4) Una aventura mental puede abrir la puerta y preparar el camino para el adulterio físico. Existe la ley de rendimientos decrecientes. Cuando el cigarrillo ya no satisface, la persona busca la marijuana. Cuando ésta ya no produce el éxtasis de antes, se busca algo más fuerte, por ejemplo, la cocaína. Cuando la cerveza no deleita

como antes, uno busca una bebida alcohólica más fuerte para lograr el mismo efecto.

> El pecado... siempre nos lleva más allá de donde pensábamos llegar.

Lo mismo sucede en la relación entre un hombre y una mujer que ha dejado de ser una simple amistad. Las conversaciones y sentimientos se convierten en contactos más serios: la amistad llega a ser cariño, el cariño se convierte en caricias, y las caricias en acto sexual. El pecado sexual requiere "dosis" cada vez más fuertes, y siempre nos lleva más allá de donde pensábamos llegar.

La pureza moral que Dios espera de nosotros empieza en el corazón. No sólo el área de lo físico debe mantenerse pura y *"el lecho sin mancilla"* (Heb. 13:4), sino también la arena de los pensamientos debe ser guardada como terreno sagrado e inviolable. A veces el adulterio emocional o mental incluye "conversaciones inocentes" con la persona que atrae nuestro corazón. Pensamos que si no hay contacto físico o sexual con la persona, no cometemos ninguna falta. Sin embargo, si en la mente damos lugar a pensamientos impropios o experimentamos emociones indebidas o compartimos cosas íntimas que se deben reservar única y exclusivamente para nuestro cónyuge, violamos los límites que protegen el matrimonio.

Jesús confirma que es posible cometer adulterio en nuestro corazón. Por eso La Biblia nos amonesta en Proverbios 4:23: *"Sobre toda cosa guardada, guarda tu corazón, porque de él mana la vida"*. Sabio es el que guarda su corazón de ésta y toda expresión de inmoralidad.

Perversiones. Algo "pervertido" es torcido, que ha cambiado su forma o propósito original por una nueva forma o propósito. En el Antiguo Testamento, la palabra hebrea para "iniquidad" se traduce en algunos lugares como "torcido" o "perverso". Un ejemplo es Jeremías 3:21 que dice, "Voz fue oída sobre las alturas, llanto de los ruegos de los hijos de Israel; porque han **torcido*** su camino".... La NVI dice: "...porque han **pervertido*** su conducta..." Proverbios 12:8 también lo confirma: "Según su sabiduría es alabado el hombre; mas el **perverso*** de corazón será menospreciado". Pervertir, entonces, es torcer, corromper, o cambiar algo por una nueva forma o propósito (*énfasis del autor).

Romanos capítulo uno habla de la tendencia del hombre de pervertir o "cambiar" el orden divino de Dios por su propio orden. Sustituye el diseño original de Dios por su propio diseño. Romanos 1:23 dice: "cambiaron"* (pervirtieron) la gloria del Dios incorruptible en semejanza de imagen de hombre corruptible, de aves, de cuadrúpedos y de reptiles". La idolatría es una perversión de la adoración al Dios verdadero. El versículo 25 explica cómo los hombres "cambiaron* la verdad de Dios por la mentira". Muchas de las creencias que el hombre abraza son una perversión de la verdad eterna de Dios. Los versículos 26 y 27 describen la perversión sexual de mujeres (ver. 26), y de hombres (ver. 27), cuando "cambiaron* el uso natural por el que es contra naturaleza...", y "dejaron* el uso natural de la mujer, se encendieron en su lascivia unos con otros, cometiendo hechos vergonzosos hombres con hombres..." Pablo termina el contexto de Romanos capítulo uno con una larga lista de vicios y maldades, entre los cuales está incluida la "perversidad" (ver. 29; * énfasis del autor).

- Homosexualismo. Se trata de una relación sexual entre dos hombres o dos mujeres (lesbianismo). Aunque el hombre trata de justificarlo, es condenado por La Palabra de Dios como "abominación" (Levítico 18:22; 20:13; Jueces 19:22–23; Romanos 1:24–29 (donde se le llama "inmundicia, concupiscencia, lascivia, extravío, y perversión").

Pablo añade en 1 Timoteo 1:9–10, La ley no se ha instituido para los justos sino para desobedientes y rebeldes, para los impíos y pecadores, para los irreverentes y profanos. La ley es para... los adúlteros y los homosexuales" (NVI).

Las sociedades modernas cada vez ven el homosexualismo con mayor aceptación y aprobación, incluyendo la legalización del matrimonio entre personas del mismo sexo. Algunas denominaciones religiosas aprueban estos matrimonios. Un obispo de la Iglesia Episcopal ha declarado públicamente que es homosexual y se le ha permitido continuar en su oficio. Es difícil comprender cómo un pastor o líder cristiano puede quedar atrapado en esta aberración sexual, pero tristemente sucede. Algunos lo justifican diciendo que es una tendencia natural, que se nace así, pero La Biblia es clara al definir esta aberración como abominación y perversión, fuera del plan de Dios para la sexualidad del hombre.

Un hombre académicamente preparado en La India, al oír la lectura de Romanos capítulo uno, comentó, "El hombre que escribió eso, seguro conoce a La India". Creo que casi todos podríamos decir lo mismo de nuestro propio país. Alguien llamó al homosexualismo "una de las marcas de una civilización en decadencia". En su apogeo, los imperios persa, romano, y griego aprobaban el homosexualismo, que llegó a extenderse más, hasta llegar a ser aceptado en la medida que se deterioraba cada imperio. Algunos historiadores afirman que catorce de los primeros quince emperadores romanos eran homosexuales, incluyendo a Nerón.

Algunos lo justifican llamándolo "enfermedad", "debilidad", "discapacidad" o "así se nació". Sin embargo, el apóstol Pablo les dijo a los corintios: "¿No sabéis que los injustos no heredarán el reino de Dios? No erréis; ni los fornicarios, no los idólatras, ni los adúlteros, ni los afeminados, ni los que se echan con varones ("ni los sodomitas, ni los pervertidos sexuales", según la NVI)... heredarán el reino de Dios". Luego Pablo continúa: "Y esto erais algunos; mas ya habéis sido lavados, ya habéis sido santificados, ya habéis sido justificados en el nombre del Señor Jesús, y por el Espíritu de nuestro Dios" (1 Cor. 6:9–11).

Si el homosexualismo es una "enfermedad", ¡es la única enfermedad que puede ser lavada, y de la cual uno puede ser santificado y justificado! Pablo dice en Romanos 1:32, que los que "practican tales cosas son dignos de muerte". ¡También

> Si el homosexualismo es una "enfermedad", ¡es la única enfermedad que puede ser lavada!

sería la única "enfermedad" que merece la muerte! Si la homosexualidad es una enfermedad, lo es en el sentido espiritual y moral. Dios ama a los homosexuales, pero no aprueba el homosexualismo. En esto La Palabra de Dios es clara e inequívoca.

- Cambio de sexo. Mediante cirugías especiales las personas pueden cambiar de sexo, de masculino a femenino, o de femenino a masculino. Así, las mujeres se convierten sexualmente en hombres y viceversa. Esta perversión motiva a un hombre a decir: "Soy una mujer atrapada en el cuerpo de un hombre". Una mujer puede decir: "Soy un hombre atrapado en el cuerpo de una mujer". Es otro intento de pervertir, o cambiar el propósito original de Dios en torno al sexo masculino y femenino.

- Travestismo. Quienes practican esta perversión se visten como personas del sexo opuesto, a fin de provocar excitación sexual, o de crear la ilusión de que es, realmente, una mujer en vez de hombre (o viceversa). Es una manera de "cambiar el sexo" sin someterse a ninguna cirugía, como se mencionó anteriormente. Deuteronomio 22:5 prohíbe al varón usar ropa, adornos, y otras cosas del sexo opuesto. La mujer estaba sujeta a la misma restricción. La humanidad debía guardar y honrar, sin excepción, la distinción entre el sexo masculino y femenino, tal como Dios lo diseñó originalmente en Génesis 1:27.

Otro aspecto del travestismo se relaciona con el ocultismo. En algunas culturas antiguas del Medio

Oriente, a fin de asegurar la victoria de su ejército, algunos hombres se vestían con ropa de mujer, con la intención de lanzar un hechizo o maldición sobre los ejércitos enemigos y debilitar como mujeres a sus soldados. Dios prohíbe el mínimo rastro de hechicería entre su pueblo. Un cristiano no debe participar de tales actividades.

Otras expresiones del pecado sexual. Otras cosas que constituyen trampas que nos pueden apresar sexualmente son:

• Pornografía. La raíz de la palabra pornografía es porneia, palabra griega mencionada arriba, relacionada con la fornicación. En la actualidad, revistas, cines, videos, Internet, etc., ofrecen abundante material pornográfico de fácil acceso, y es un negocio con ganancias de miles de millones de dólares anuales. En Los Estados Unidos los hombres, incluyendo a muchos cristianos, gastan anualmente unos $8.000.000.000 de dólares en ese material.[3] Muchas veces la pornografía es una puerta o eslabón que lleva a otros tipos de pecado sexual.

• Internet. Además de revistas, videos, etc., otro medio para ver pornografía es la Internet, medio que ha sido llamado "la cocaína 'crack' de las adicciones sexuales", o "cybersexo". Se calcula que hay entre 30 y 60 mil páginas Web con pornografía, y a una de ellas —la más popular—la visitan unos tres millones de personas

> Se calcula que hay entre 30 y 60 mil páginas Web con pornografía

cada mes. Un total de 12.5 millones de personas visitan websites al mes, 74% son varones y 26% mujeres.

Es un negocio que, en ganancias, supera toda la empresa de cines de Hollywood y otras. El Barna Research Group (Grupo Barna de Investigaciones) calcula que unos veinte millones de personas visitan estas páginas pornográficas mensualmente.[4]

Según los expertos, gente de todo nivel de liderazgo cristiano participa de este medio, incluyendo pastores, pastores de jóvenes, líderes de ministerios para-eclesiásticos, etc. ¿La razón? Son ministerios que causan mucho estrés, y estas páginas proveen una forma de aliviarlo. Cuando el matrimonio de un líder cristiano no marcha bien, o hay presencia de otros factores, la tentación aumenta. Un experto cristiano calcula que tanto creyentes como no creyentes visitan este medio para ver pornografía, y que casi la misma cantidad de creyentes y no creyentes lo hace. Para evitar o disminuir la tentación de usar la Internet con este propósito, se sugiere tener un plan de cómo usará la Internet, incluyendo colocar su computadora en un lugar—en la casa o en la oficina—donde esté a la vista de otras personas. Esto, junto con una promesa de mantener la pureza moral en la vida, ayudará mucho para reducir o eliminar la tentación.

• Lujuria. En 1 Juan 2:16 esto se llama "los deseos de la carne". La lujuria empieza en el corazón y se manifiesta en la forma de mirar a una persona del sexo opuesto. Si la vemos a través de una lente sexual, con deseo de poseerla, tocarla, de tener una cercanía y relación íntima con ella, sin tener ningún fundamento para tal relación, se trata de lujuria. Un corazón lleno de lujuria prepara el camino para una caída moral. Lujuria es simplemente una pasión, un deseo malo, equivocado, o impropio. Es codiciar, anhelar algo que no podemos o debemos tener. Lujuria es deseo fuera de control, como fuego que consume, y es lo que puede hundir a uno en otros pecados sexuales. La persona atrapada en la lujuria ve a los del sexo opuesto como objetos para ser utilizados para su propio placer. Para esta persona, el sexo se vuelve una obsesión más que una expresión sana de su sexualidad.

La lujuria provoca la práctica de otros males como la pornografía, el abuso sexual de menores, los salones de masajes, etc. La lujuria incluye toda una "familia" de males mencionados

> La lujuria provoca la práctica de otros males.

en La Biblia, como impureza, lascivia, concupiscencia, etcétera. Efesios 4:19 describe tales males cuando dice: "...y ellos, habiendo llegado a ser insensibles, se entregaron a la sensualidad para cometer con avidez toda clase de impurezas" (LBLA).

- Exhibicionismo. Involucra la exposición del cuerpo desnudo, o partes sexuales de él en público, o delante de otra(s) persona(s) en lugares o circunstancias inapropiados. Por lo general se practica con niños, porque el exhibicionista cree que los niños son indefensos y no le causarán problemas. Es un ejemplo de lo que La Biblia llama "lascivia", o "impureza moral". Es exhibición sensual indecente, cometida por personas incapaces o indispuestas a ejercer una expresión normal de su sexualidad.

- Fantasías. Podemos "desvestir" a una persona en nuestra mente. Podemos imaginarnos ser su marido o esposa, (o su "amante") y cómo sería hacer el amor con él o ella, etc. Fantasear es vivir una vida imaginaria

Fantasear es vivir una vida imaginaria con una persona

con una persona que no es el o la cónyuge, como si lo fuera. Es desenfrenar la imaginación para "disfrutar" de toda clase de intimidad con ella en la mente.

¿Cómo se originan las fantasías? Cuando una persona no posee la capacidad de relacionarse de manera normal y saludable con los demás, sea cual sea la causa, su mente "crea" situaciones o escenas en las que la persona "experimenta" esas relaciones con personas quienes están fuera de su alcance en la vida real. Algunos creen que varones mayores de edad ya no tienen problema con tales fantasías. La verdad es que sí lo pueden tener, precisamente por el mismo motivo: pero en este caso la edad y la naturaleza los ha privado de la capacidad de experimentar relaciones sexuales normales, y la mente "crea", por medio de fantasías, la experiencia que no pueden tener en la vida real. Una fantasía, entonces, es la creación en la mente de experiencias que uno no puede o no debe tener en la vida real.

- Abuso sexual. Hay muchos casos de abuso sexual por parte de padres, padrastros, tíos, hermanos mayores, etc. El abuso es tocar y manosear a niñas o jovencitas (niños o muchachos en el caso de homosexuales), exhibir o exponer la desnudez y, en casos extremos, la violación. Las víctimas de los abusadores frecuentemente sufren de baja autoestima y heridas que los afectarán en su vida futura. Los muchachos son empujados a una vida de homosexualismo, y muchas jóvenes que fueron abusadas por un hombre luchan después por relacionarse de manera apropiada con su esposo. Les cuesta confiar en los hombres y tienen temor al sexo, aun cuando se trata de una vida íntima normal en el matrimonio.

- El acoso sexual. Sucede a menudo en el lugar del trabajo. Muchas veces procede de un jefe u otra persona de autoridad que aprovecha su autoridad o influencia para pedir favores sexuales. Con frecuencia, un beneficio laboral, un aumento de salario, etc., es la recompensa a las atenciones sexuales. Si una mujer no está dispuesta a hacerlos, puede perder su trabajo o caer en desgracia con el jefe. El acoso sexual puede ocurrir en otros contextos también, incluyendo la iglesia o el hogar.

- Intercambio de esposas. En este juego varias parejas se reúnen para una fiesta o compañerismo. Al final, a la hora de irse a casa, los varones ponen su llavero en un sombrero. Luego, cada esposa, una por una, mete la mano en el sombrero y saca un llavero. Ella acompaña al dueño del llavero a su casa para pasar la noche con él.

- Masturbación. Algunos la practican acompañada de pornografía, de imágenes mentales de personas con quienes desean tener relaciones sexuales, fantasías, pensamientos lujuriosos, etc. Algunas personas son esclavas de esta práctica, masturbándose varias veces al día. El Doctor Mark Laaser en su libro Healing the Wounds of Sexual Addiction (Sanando las heridas de la adicción sexual) cuenta de un paciente que atendió en su clinica: el varón se masturbaba unas veinte veces al día. También relata el caso de una mujer, esposa de pastor, que miraba imágenes sexuales en la Internet por años.[5] Se masturbó tanto durante años, que dañó su cuerpo y tuvo que someterse a cirugía para reparar el daño.

La masturbación nada contribuye a la salud sexual de la persona o a su relación conyugal, y es particularmente perjudicial cuando:

✓ es un hábito compulsivo, o una obsesión.

✓ toma el lugar, o es sustituto de una relación íntima normal con la cónyuge.

✓ consume tiempo y energía que se necesita para cosas sanas y provechosas.

✓ es acompañada de pornografía, fantasías, etc.

✓ va en contra de la conciencia de la persona, produciendo culpa.

ADICCIÓN SEXUAL

Hay tres niveles correspondientes al problema del pecado sexual, con sus respectivos transgresores:

1. los que cometen pecados sexuales, pero no son adictos.

2. los adictos al sexo.

3. los abusadores o infractores sexuales (abuso sexual de niños o adolescentes, violación, incesto, relaciones sexuales con menores de edad, etc). Implica actividad ilegal o criminal además de inmoral.

Nota: uno puede cometer pecados sexuales sin ser un "adicto al sexo". También es posible ser adicto al sexo sin llegar a ser un infractor sexual. No todos los adictos al sexo llegan a ese extremo.

La adicción sexual ocurre cuando uno pierde el control sobre una práctica sexual. Después de cometer un acto sexual pecaminoso (fornicación, adulterio, pornografía, prostitución...), la persona se siente mal, avergonzada, y promete no volver a hacerlo. Sin embargo, poco después se encuentra otra vez cometiendo el mismo acto. Por mucho que quiera dejar la práctica, el poder de su atracción lo vence y continúa. Ciertas señales dan la alarma cuando se trata de adicción sexual.

> La adicción sexual ocurre cuando uno pierde el control sobre una práctica sexual.

Señales de adicción sexual

1. La persona siente vergüenza por sus actividades secretas y procura mantenerlas ocultas. Por eso, algunos adictos al sexo viven una vida doble: adicción sexual secreta y una aparente vida pública sana.

2. Aunque siente vergüenza después, la persona experimenta euforia o excitación durante la actividad sexual.

3. Muchos adictos al sexo sufrieron abuso emocional, físico o sexual en su niñez. El 81% fueron abusados sexualmente, el 75% de ellos sufrió abuso físico, y el 97% fue sujeto de abuso emocional en su niñez.[6]

4. La persona experimenta altibajos en sus emociones. Puede fluctuar entre euforia y depresión.

5. Debido a su adicción, las personas violan normas éticas de su profesión: sean abogados, médicos, ministros, servidores públicos, etcétera.

6. Actividades de adicción al sexo (como pornografía o cybersexo) se hacen en un ambiente aislado, sin una relación significativa con nadie. Pero cuando el adicto llega a estar con otra(s) persona(s), está desconectado de cualquier relación sana con ellas.

7. La persona no posee las fuerzas necesarias para controlar su conducta compulsiva. El adicto se siente controlado o llevado por una fuerza superior a sí mismo, que no puede controlar.

8. El adicto continúa su actividad sexual a pesar del daño que se pueda estar causando: pérdida de empleo,

matrimonio, encarcelamiento.... Los adictos al sexo pierden el control sobre su poder de tomar decisiones sabias, aunque signifique ruina económica. Un pastor gastó $40,000 dólares en su tarjeta de crédito, debido a su adicción a la pornografía y la prostitución. Cuando no pudo pagar las deudas, compró un revólver y comenzó a robar bancos (había trabajado en un banco antes y sabía cómo operaban). Después de varios asaltos fue capturado y pasó ocho años en una prisión federal. Otro hombre gastó $75,000 dólares viendo pornografía en la Internet ¡en un mes! Otro gastó $3,000,000 de dólares durante su vida en prostitución. Esto nos da una idea de lo fuerte que puede llegar a ser una adicción sexual en la vida de una persona.

9. La actividad es una obsesión para la persona. Pasa mucho tiempo pensando en el próximo encuentro, planeando, fantaseando, etcétera.

10. Para muchas de estas personas, las actividades sexuales son su "droga" para escapar de heridas, dolor, soledad, etcétera.

11. Cualquier forma de pecado sexual puede llegar a ser adictivo: masturbación, pornografía, aventuras, fantasías, "aventuras de una sola noche", etcétera

12. La adicción sexual es el sustituto de una relación íntima genuina.

13. El 50% de adictos sexuales son también alcohólicos. Casi todos tienen alguna otra adicción.

Cuando la conducta de la persona es compulsiva y continua, a pesar de repetidos intentos de dejarla, y de consecuencias serias dañinas, es una adicción. Una adicción se define como hábito de quien se deja dominar por el uso de alguna o algunas drogas tóxicas, o por la afición desmedida a ciertos juegos o prácticas. Esto confirma el concepto de que hay dos clases de adicción: 1) de sustancias (alcohol, drogas, etc.), y 2) de conducta.

Un experto que ha trabajado con alcohólicos y drogadictos dice que hay varias similitudes entre ellos y quienes padecen obsesión por el sexo. Afirma que la ansiedad, la soledad y el dolor, son temporalmente aliviados por la euforia de su actividad sexual, en forma parecida a lo que experimentan alcohólicos y drogadictos.

Ahora bien, definir algunos pecados sexuales como síntomas de una "adicción sexual" de ninguna manera los justifica. La persona no puede decir: "mi propensión, mi obsesión, es una adicción y no es mi culpa. Soy una víctima". Lo cierto es que somos responsables de nuestra conducta, aunque hayamos sido víctimas de abuso sexual. Hay ayuda en Dios. Cristo es el gran libertador y sólo espera la oportunidad de ayudarnos a romper las cadenas de cualquier obsesión o "adicción". Hemos incluido esta parte sobre adicción sexual para dar a conocer el poder del pecado sexual, no para ofrecer excusas o justificarlo. Sin Dios en su vida, el "adicto" tiene razones para desesperarse. Pero con Cristo, la persona tiene acceso al poder más grande del universo, y en él puede ser libre de esta adicción.

HEMOS DE SER LA LUZ EN EL FARO

Hemos de ser la luz del mundo. Somos quienes mantienen brillante la luz del "faro" (la Iglesia y el testimonio del Señor Jesús) para guiar a los barcos (vidas de otros) a su destino. Sabemos que nuestro enemigo está dedicado a apagar, o por lo menos opacar, la luz en el faro, y lo hace de mil maneras. Lo triste es que nosotros, pastores y líderes cristianos, le ayudamos a opacar esa luz con nuestras faltas y fracasos. El resultado inevitable es el naufragio de vidas, que dependían de esa luz. El pecado sexual no solamente nos daña a nosotros mismos, sino también a otros.

> El pecado es el intento de satisfacer necesidades legítimas de maneras ilegítimas.

El pecado es el intento de satisfacer necesidades legítimas de maneras ilegítimas. El pecado sexual, practicado en cualquier forma, representa ese intento. Cuando no seguimos el patrón legítimo de Dios para nuestra vida sobre este planeta, chocamos inevitablemente contra los principios buenos y justos de la Ley Moral de Dios. Esa ley es para nuestro bien, y si aprendemos a vivir de acuerdo con los principios de su palabra, encontraremos la felicidad que Dios diseñó para nuestras vidas. Según Santiago 4:6, Dios resiste a los soberbios (los que insisten en seguir su propio camino), pero da gracia a los humildes (los que aceptan los caminos de Dios). El camino más corto a la felicidad y armonía en la vida, es la obediencia.

La Biblia dice: "Ahora bien, en una casa grande no solamente hay vasos de oro y de plata, sino también de madera y de barro, unos para honra y otros para deshonra". Luego nos promete: "Por tanto, si alguno se limpia de estas cosas, será un vaso para honra, santificado, útil para el Señor, preparado para toda buena obra" (2 Tim. 2:20–21). Filipenses 2:15 dice que hemos de ser: "irreprensibles y sencillos, hijos de Dios sin tacha en medio de una generación torcida y perversa, en medio de la cual resplandecéis como luminares en el mundo" (LBLA).

En este capítulo hemos considerado varias formas del pecado sexual, incluyendo la infidelidad marital. En el siguiente capítulo observaremos más detalladamente algunas características de esta trampa sexual que acecha a tantos líderes y siervos de Dios. Veremos por qué la trampa es tan sutil, tan aborrecible y detestable para Dios.

Para reflexionar...

1. ¿Batalla usted con algún pecado mencionado en este capítulo? ¿Cuál?

2. ¿Se centra su batalla en el área mental (fantasías, pensamientos lujuriosos, etc.) o en el área física (masturbación, fornicación, exhibicionismo, aventuras, etc.)?

3. Si tiene lucha con algún pecado sexual, ¿batalla con la culpa, o la depresión, el temor, etc.? ¿Desea vivir libre de estas emociones destructivas?

4. ¿Abusaron de usted sexual, física, o emocionalmente en su niñez o juventud? De ser así, ¿cómo cree que esto le ha afectado en relación con su vida sexual?

Notas

[1] Strong's Greek/Hebrew Dictionary (Dictionario Strong de griego y hebreo), palabras #4202 y 4204.

[2] La nueva moralidad no es nada nuevo, y ha sido llamada por algunos escritores "La vieja inmoralidad", porque ha existido desde los tiempos antiguos de la historia humana. "La revolución sexual", en cambio, representa un cambio de actitud cultural con respecto a la libre expresión de sexualidad que se ha visto en los últimos aproximadamente cuarenta años, y se refleja en las películas de cine, en el tipo de programas permitidos en la televisión, la moda, el amor libre, el marcado aumento en la cohabitación, la aceptación cultural y oficial del homosexualismo, la desnudez en algunos lugares públicos, etcétera.

[3] Kirk, Jerry, *Seven Promises of a Promise Keeper* (*Siete promesas de un cumplidor de promesas*) Focus on the Family, Colorado Springs, Colorado, 1994, p. 92

[4] Barna Research Group, citado en el curso sobre "Healthy Sexuality" (Sexualidad sana), de Light University, Forest, Virginia

[5] Laaser, Dr. Mark., *Healing the Wounds of Sexual Addiction* (*Sanando las heridas de adicción sexual*), Zondervan, (1992, 1996 2004), p. 34

[6] Laaser, Dr. Mark. Curso sobre Treating Sexual Addiction (Tratamiento de la adicción sexual), Light University, Forest Virginia, Manual de estudio, p. 44.

3

El Pecado Escarlata

Lo que debemos saber acerca del
adulterio y la fornicación

*"Mas el que comete adulterio es falto de entendimiento;
corrompe su alma el que tal hace".*
Proverbios 6:32

"Creo que existen tantos casos de infidelidad en la
sociedad como accidentes de tránsito".[1]
Dr. Frank Pittman, consejero familiar y siquiatra

¿Por qué el adulterio es tan censurado en La Biblia? ¿Por qué Dios lo aborrece tanto? ¿Por qué atrapa a tantos siervos de Dios, los cuales caminan como buey al matadero para recibir el castigo que conlleva? (véase Prov. 7:22). ¿Por qué la atracción y la seducción de la infidelidad parecen ser irresistibles a la persona tentada? ¿Por qué la infidelidad es tan aceptada en las sociedades modernas? Trataremos de contestar estas preguntas valiéndonos de La Biblia y de las experiencias de líderes caídos.

• El adulterio es un acto insensato de graves consecuencias. *"Pero al que comete adulterio le faltan sesos; el que así actúa se destruye a sí mismo"* (Prov. 6:32, NVI). Es común escuchar de parte de líderes caídos comentarios como: "las cosas tontas e insensatas que hice", o "no sé por qué hice semejantes tonterías". Alguien dijo: "Sólo un necio desea lo que no puede tener".

• El adulterio y la fornicación no hacen acepción de personas; afectan a todo estrato de la sociedad: ricos y pobres, buenos y malos, cristianos y no cristianos; en fin, afecta a todas las sociedades del mundo. La doctora Helen Fisher, una antropóloga, hizo un estudio de cuarenta y dos sociedades de toda índole en diferentes partes del mundo.[2] ¿Su conclusión? El adulterio ocurre en todas y cada una de ellas. En algunas sociedades se practicaba el paganismo; en otras, el cristianismo. Pero el adulterio estaba presente en todas, aun en las que castigan el adulterio con pena de muerte.

• El adulterio es tal vez la causa número uno de divorcios. El Dr. Frank Pittman declara que la infidelidad marital estropea al matrimonio y a los hijos. Después de 30 años de trabajar con parejas con problemas matrimoniales, él dice que sólo ha visto un puñado de divorcios en matrimonios donde no había infidelidad. Asimismo afirma que la probabilidad de que

> El adulterio es tal vez la causa número uno de divorcios.

un primer matrimonio termine en divorcio es mínima, a menos que haya infidelidad.[3]

- Al principio el pecado sexual es atractivo, como una fruta que en la boca sabe dulce, pero en el estómago se vuelve amarga. El funesto cuadro de Sansón al final de su vida en su ceguera, esclavitud y vergüenza, es muy diferente del que vemos en la euforia de sus "aventuras" y sensualidad con Dalila, antes de su caída.

Proverbios 7:4–5 lo dice con elocuencia: *"Di a la sabiduría: 'Tú eres mi hermana', y a la inteligencia: 'Eres de mi sangre'. Ellas te librarán de la mujer ajena, de la adúltera y de sus palabras seductoras"* (NVI). Proverbios 5:1–3 describe la tentación, "el manjar" de los placeres prometidos y las palabras seductoras: *"Hijo mío, está atento a mi sabiduría, y a mi inteligencia inclina tu oído, para que guardes consejo, y tus labios conserven la ciencia. Porque los labios de la mujer extraña destilan miel, Y su paladar es más blando que el aceite"*.

Pero el versículo cuatro advierte contra el tragarse el cebo: *"Mas su fin es amargo como el ajenjo, agudo como espada de dos filos"*. La NVI dice, *"Pero al fin resulta más amarga que la hiel y más cortante que una espada de dos filos"*.

Las personas que muerden la carnada del pecado sexual viven en un mundo imaginario, de fantasías y mentiras, y en una burbuja de engaño. Cuando la burbuja se revienta, ese mundo se les cae encima, los sueños se vuelven pesadillas, y el espejismo se convierte en un desierto ardiente.

- Si un líder que está viviendo en pecado experimenta prosperidad y crecimiento en su ministerio, esto no ha de tomarse como señal de aprobación de Dios de su conducta. Un líder en un país de América Latina, que se encontraba envuelto en una situación de adulterio, expresó: "la bendición de Dios es evidente en mi ministerio, la gente recibe bendición cuando la ministro, y eso es evidencia de que Dios no está en contra de lo que estoy haciendo".

> Su estilo de vida estaba muy lejos de tener la aprobación de Dios.

Pero es una conclusión errónea. Un pastor en Texas abundaba en prosperidad en la iglesia que pastoreaba, incluyendo tanto crecimiento, que tenía tres grandes reuniones los domingos. Sin embargo, su estilo de vida estaba muy lejos de tener la aprobación de Dios, como él aprendió cuando su pecado de homosexualidad se descubrió y fue expulsado de su iglesia y del ministerio pastoral. Si Dios bendice a su pueblo en una situación de este tipo, es por su misericordia y amor por el pueblo, no porque apruebe la conducta del líder.

- El pecado sexual engendra otros pecados. La mentira, el engaño, la manipulación, la hipocresía, el autoengaño, la vida doble, y otros males, siempre son compañeros de la inmoralidad. En el caso del rey David, incluyó el asesinato.

- El pecado sexual será juzgado por Dios. Desde luego, este juicio no siempre se aplica inmediatamente. El famoso predicador inglés, Charles Spurgeon, dijo que la tentación y el pecado atraerían a menos interesados si sus consecuencias fueran inmediatas. Sin embargo, Hebreos 13:4 declara, *"Tengan todos en alta estima el matrimonio y la fidelidad conyugal, porque Dios juzgará a los adúlteros y a todos los que cometen inmoralidades sexuales"* (NVI).

Primera de Tesalonicenses nos advierte: *"y que nadie peque y defraude a su hermano en este asunto* (cometer adulterio con la esposa de su hermano), *porque el Señor es el vengador en todas estas cosas, como también antes os lo dijimos y advertimos solemnemente. Porque Dios no nos ha llamado a impureza, sino a santificación"* (LBLA). El profeta Malaquías pronunció el juicio de Dios sobre quienes practicaban el adulterio, *"Y vendré a vosotros para juicio; y seré pronto testigo contra los hechiceros y adúlteros..."* (3:5). Y Pablo nos recuerda, *"...es necesario que todos comparezcamos ante el tribunal de Cristo, para que cada uno reciba según lo que haya hecho mientras estaba en el cuerpo, sea bueno o sea malo"* (2 Corintios 5:10).

Cuando hay verdadero arrepentimiento, Dios perdona el pecado (1 Juan 1:7, 9). lo ideal—y lo que él espera de nosotros—es que nos juzguemos a nosotros mismos (juzgar nuestra conducta como

> Cuando hay verdadero arrepentimiento, Dios perdona el pecado.

inaceptable y arrepentirnos), y cortemos todo contacto con personas y situaciones relacionadas con dicho pecado. La mujer a quien Cristo llamó "Jezabel", y que se encontraba en la iglesia de Tiatira, era culpable de fornicación y adulterio y de seducir a los siervos de Dios a hacer lo mismo. En Apocalipsis 2:21 Jesús dice, *"Y le he dado tiempo para que se arrepienta, pero no quiere arrepentirse de su fornicación".*

Cuando una persona se encuentra envuelta en el pecado sexual, Dios, en su misericordia, le da tiempo para que se arrepienta. Coloca señales en el camino para advertirle del peligro que corre. Él llama y espera, así como le dio tiempo aun a la mujer inicua, "Jezabel", para cambiar. Pero cuando la persona no hace caso de las señales y persiste en su pecado, Dios interviene. En 1 Corintios capítulo cinco leemos de un hombre culpable de incesto, un pecado tan escandaloso, dice Pablo, que ni los gentiles lo practicaban: que él *"tiene a la mujer de su padre"* (ver. 1). Pablo declaró que, aunque él no pudo estar presente físicamente, sin embargo, *"presente en espíritu... he juzgado al que tal cosa ha hecho"* (ver. 3). Pablo, actuando en su autoridad apostólica, juzgó la conducta del hombre como reprensible, insistió que la iglesia lo juzgara igual, y luego ordenó, *"Quitad, pues, a ese perverso de entre vosotros"* (ver. 13).

Tres opciones

Primera de Corintios 11:31–32 nos da un principio importante y digno de atenderse con toda diligencia: *"Si, pues, nos examinásemos a nosotros mismos, no seríamos juzgados; mas siendo juzgados, somos castigados (disciplinados) por el Señor, para que no seamos condenados con el mundo".* Dios nos presenta tres opciones:

• *Juzgarnos a nosotros mismos.* Si nos juzgamos y nos

arrepentimos verdaderamente, Dios no tendría que juzgarnos y disciplinarnos. *"Si nos examinásemos a nosotros mismos, no seríamos juzgados"* (v. 31). Es decir, no habría necesidad de ser juzgados y disciplinados por el Señor porque voluntariamente habríamos reconocido nuestro mal camino y determinado corregirlo.

* *Ser juzgados y disciplinados por Dios.* Si persistimos en el pecado, sin juzgarnos a nosotros mismos, entonces Dios interviene, juzga nuestra conducta y nos disciplina. Esto normalmente ocurre cuando nuestra conducta sexual es descubierta por otros en contra de nuestra voluntad. Encontramos este principio bíblico en Primera de Timoteo 5:20: *"A los que continúan en pecado,* ("persisten en pecar", RV) *repréndelos en presencia de todos para que los demás tengan temor de pecar"* (LBLA). La persona que se niega a arrepentirse de su pecado voluntariamente tendrá que sentir la mano de Dios sobre él en disciplina y juicio.

* *Ser condenados con el mundo.* Esto se refiere a la persona que endurece su corazón y se niega a cambiar y corregir su mal camino. El motivo de la intervención y disciplina del Señor es *"para que no seamos condenados con el mundo"* (v.32).

Si practicamos el paso número uno, los otros dos pasos no son necesarios. Pero si no lo hacemos, en los pasos dos y tres el trato de Dios llega a ser cada vez más directo y severo. (Véanse Jer. 8:4–6; Rom. 2:4–5; 9:22; 1 Ped. 3:20;

2 Ped. 3:9, 15 como ejemplos de la paciencia de Dios al esperar el regreso del pecador de su mal camino).

> **¡No debemos confundir el tiempo que Dios da para arrepentirnos con permiso para continuar!**

Pero la paciencia de Dios tiene sus límites. Un ministro, hundido en el pecado de la inmoralidad, visitó una reunión cristiana. Allí, una persona presente, sin conocer al ministro ni su condición, expresó una palabra profética, que decía en esencia: "Te he llamado y esperado. Esta es la última oportunidad que te doy para que te arrepientas". El varón hizo oído sordo a la advertencia de Dios, y salió de la reunión sin acercarse a Dios en arrepentimiento. Después, en un tiempo corto, tuvo un accidente de tránsito en el cual murió. ¡No debemos confundir el tiempo que Dios da para arrepentirnos con permiso para continuar!

La palabra "arrepentimiento" viene del vocablo griego *metanoia,* que quiere decir "cambiar de mente", "cambiar de manera de pensar". También significa "dar media vuelta y caminar en dirección opuesta". Esto implica transformar nuestros pensamientos acerca del propósito del sexo, acerca de personas del sexo opuesto, y acerca del peligro que uno corre cuando juega con la inmoralidad. Si nos juzgamos y arrepentimos a tiempo, podremos evitarnos el dolor y la desgracia de una caída moral, incluyendo la vergüenza de tener que ser juzgados y disciplinados por Dios.

La promesa de Dios para los que se arrepienten es: *"Vengan, pongamos las cosas en claro –dice el SEÑOR–.*

¿Son sus pecados como escarlata? ¡Quedarán blancos como la nieve! (Isaías 1:18 NVI). Esta promesa y el amor inagotable de Dios esperan al hombre extraviado cuando le da la espalda al "pecado escarlata" y permite que Dios lo lave y lo haga blanco como la nieve. Cuando no hay arrepentimiento, el hombre extraviado tendrá que pagar el precio de su pecado, el cual permanece escarlata, sin ser blanqueado.

¿Qué precio se cobra por una caída moral? ¿Por qué un siervo de Dios está dispuesto a arriesgar tanto—su reputación, matrimonio, ministerio y familia—por algo que ofrece tan poco y es tan transitorio y superficial? En el próximo capítulo veremos algo del alto precio de la infidelidad.

Para reflexionar...

1. ¿Cree usted que Sansón consideró el costo de su falta moral? En su opinión, ¿cómo debió haber actuado Sansón frente a las tentaciones sexuales?

2. ¿Puede un líder cristiano tomar la prosperidad y "la aparente bendición de Dios" como la aprobación de Dios para su mala conducta? ¿Por qué?

3. ¿Cuál de las tres opciones de 1 Corintios 11:31–32 cree que sea la mejor? ¿Por qué?

4. ¿Qué sucederá a la persona que se niegue a juzgarse a sí misma (cuando está en pecado), y rechaza la disciplina de Dios?

Notas

[1] Pittman, Dr. Frank, Private Lies, Infidelity and the Betrayal of Intimacy (Mentiras privadas, infidelidad y traición de la intimidad), New York, Norton, 1989, p. 117. Citado en Marriage, Family, & Sexuality por Kerby Anderson, Kregel Press, Grand Rapids, Michigan, 2000, p. 92

[2] Fisher, Helen, Ph.D. Información tomada de su libro *Anatomy of Love* (*Anatomía del amor*) y citada en *Sex, a Man's Guide* (*El sexo, una guía para el varón*), por Stefan Bechtel y Laurence Roy Stains, Rodale Press, Inc., Emmaus, Pennsylvania, p. 427

[3] Pittman, Dr. Frank. Datos tomados de su libro *Private Lies* (*Mentiras privadas*), y citado en la obra *Sex, a Man's Guide* (*El sexo, una guía para el varón*), por Stefan Bechtel y Laurence Roy Stains, Rodale Press, Inc., Emmaus, Pennsylvania, p. 429. El Dr. Pittman es un siquiatra en la ciudad de Atlanta, Georgia, EUA.

4

El alto costo del pecado sexual

Sabed que vuestro pecado os alcanzará.
Pueden estar seguros de que no escaparán de su pecado
Números 32:23 NVI

Con la maldad viene el desprecio, y con la
vergüenza llega el oprobio.
Proverbios 18:3 NVI

Una de las cosas que pueden ayudar a mantenernos libres del pecado sexual es considerar el precio que se pagará. Tal vez podamos "pecar a crédito", gastando libremente y sin pagar en el momento "en efectivo", pero en algún momento las cuentas llegarán. Recordar esta máxima puede salvarnos de una desgracia. El pecado cobrará su precio, y ese precio es muy alto.

¿Qué tan seguro es que no escaparemos de las consecuencias de nuestro pecado? ¿Qué tan seguro es que el sol saldrá mañana por la mañana? Tarde o temprano tendremos que encarar las consecuencias de nuestro pecado. Es un hecho ineludible, es sólo cuestión de tiempo. La Biblia habla del "engaño del pecado" (Heb. 3:13), y uno de sus engaños es que "nadie sabrá ni habrá que pagar consecuencias—por lo menos consecuencias mayores".

Pero La Biblia declara: *"No se engañen: de Dios nadie se burla. Cada uno cosecha lo que siembra. El que siembra para agradar a su naturaleza pecaminosa, de esa misma naturaleza cosechará destrucción; el que siembra para agradar al Espíritu, del Espíritu cosechará vida eterna"* (Gál. 6:7–8 NVI).

¿Cuánto cuesta practicar la inmoralidad?

En el Antiguo Testamento el precio que se cobraba por el adulterio era alto: la muerte. *"Si fuere sorprendido alguno acostado con una mujer casada con marido, ambos morirán, el hombre que se acostó con la mujer, y la mujer también; así quitarás el mal de Israel"* (Deut. 22:22). En tiempos antiguos, aun en otras sociedades, el castigo por adulterio era severo:

- El Código (legal) de Hamurabbi (Babilonia, siglo 18 a.C.) exigía la pena de muerte para los ofensores, los cuales eran ahogados en un río.

- En las sociedades griegas y romanas una adúltera podía ser castigada de muerte, pero los varones no sufrían castigos graves.

- Hoy en día en algunos países, incluyendo Irán y Afganistán, el adulterio es castigado de muerte, muriendo los ofensores a pedradas.

- Cuando Los Estados Unidos eran una colonia, una mujer culpable de adulterio tenía que llevar un vestido escarlata en público, para anunciar a todos el oprobio y lo vergonzoso de su falta. Una prostituta se llamaba "mujer escarlata". Y un marido defraudado podía matar con impunidad al hombre que cometiera adulterio con su esposa.

Aunque no ocasione la muerte física, es un hecho ineludible que una caída moral provoca daños desastrosos en las vidas humanas. En el contexto del cuerpo de Cristo, al considerar el costo del pecado sexual, especialmente la infidelidad de un líder, tenemos que preguntar: ¿Cuál es el daño que se sufre? ¿Quiénes son los afectados por la falta? Y, ¿cómo son afectados?

DAÑOS OCASIONADOS POR UNA CAÍDA

- **Pérdida del ministerio**

En muchos casos de caída moral, la persona es removida de su ministerio. Esta pérdida es grande porque va acompañada de humillación, devastación emocional, crisis económicas, y otro tipo de dificultades. La desobediencia del rey Saúl le costó su reino.[1] Por su pecado de concupiscencia Sansón perdió la vista, su libertad, y la oportunidad de cumplir su ministerio como libertador de Israel.

Sergio es un ejemplo. Pastor de una iglesia grande en un país de América Latina, permitió

> En muchos casos de caída moral, la persona es removida de su ministerio.

que la atracción romántica hacia una mujer de la iglesia creciera hasta culminar en relaciones sexuales con ella. Se intentó restaurarlo, pero por no estar dispuesto a enfrentar y superar problemas y situaciones en su vida, Sergio abortó el proceso de restauración y abandonó la iglesia.

Son innumerables los casos de pastores que han perdido su iglesia y ministerio, y de misioneros y otros líderes itinerantes que han sido removidos de sus ministerios. Algunos no logran recuperar la capacidad de retomar las riendas de su liderazgo, y otros batallan por años para levantar y reconstruir su vida y ministerio de las cenizas y escombros de su caída[2]. Los pastores "Ricardo" y "Carlos", mencionados en el capítulo uno, perdieron su ministerio.

Mario encabezaba un ministerio para-eclesiástico de restauración y fortalecimiento de matrimonios. Como conferencista popular impartía seminarios a nivel nacional en su país. Después de enseñar a miles de parejas sobre el matrimonio, tomó la decisión de divorciarse de su esposa (a quien decía él que nunca la amó en verdad) para casarse con una mujer más joven. Su ministerio inmediatamente descendió en picada y desapareció.

- **Vergüenza**

Pastores han llorado amargamente en mi seno mientras yo los abrazaba. Me han rogado, "Por favor no se lo diga a otros pastores ni a mi iglesia". El Salmo 119:6 dice: "No tendré que pasar vergüenzas cuando considere todos tus mandamientos" (NVI). En el versículo cinco el salmista expresa el

> Pastores han llorado amargamente en mi seno.

52

lamento de quienes caen en la trampa de la inmoralidad: "¡Cuánto deseo afirmar mis caminos para cumplir tus decretos"! Con frecuencia este lamento se expresa cuando ya es tarde.

Proverbios 6:23–33 declara un mensaje solemne a quienes juegan con el fuego del pecado. Aunque es un poco largo el pasaje, vale la pena leerlo detenidamente:

"Porque el mandamiento es lámpara, y la enseñanza luz, y camino de vida las reprensiones de la instrucción, para librarte de la mujer mala, de la lengua suave de la adúltera. No codicies su hermosura en tu corazón, ni dejes que te cautive con sus párpados. Porque por causa de una ramera uno es reducido a un pedazo de pan, pero la adúltera anda a la caza de la vida preciosa. ¿Puede un hombre poner fuego en su seno sin que arda su ropa? ¿O puede caminar un hombre sobre carbones encendidos sin que se quemen sus pies? Así es el que se llega a la mujer de su prójimo; cualquiera que la toque no quedará sin castigo. No se desprecia al ladrón si roba para saciarse cuando tiene hambre; mas cuando es sorprendido, paga siete veces; tiene que dar todos los bienes de su casa. El que comete adulterio no tiene entendimiento; destruye su alma el que lo hace. Heridas y vergüenza hallará, y su afrenta no se borrará".

(Biblia de Las Américas)

La desobediencia trae vergüenza. Una definición de vergüenza es: "emoción dolorosa causada por la culpabilidad, la pena, la deshonra, la condenación, la ignominia, o la desgracia".

Jaime era un reconocido líder, autor, y pastor cuya infidelidad fue descubierta por un líder de su iglesia, que encontró una nota de amor escrita por Jaime a una mujer de su iglesia. Al final de una reunión con su consejo de líderes, en la cual se le confrontó, Jaime salió avergonzado. Llamó y pidió a su esposa que lo recogiera en la iglesia. Al principio ella no lo podría encontrar, pero finalmente lo halló en un pasillo oscuro, en posición fetal, llorando.

- **Tempestades espirituales y emocionales**

En el Salmo 6:1–6, y en el 51, podemos escuchar los gemidos de David cuando estaba bajo la disciplina de Dios, sufriendo los efectos de la tormenta que azotaba su alma. La culpa, la depresión, el enojo, el temor, la confusión, y el odio, casi siempre son fruto del pecado sexual. Además de la tempestad en la vida del caído, el o la cónyuge también sufre sus propias tormentas. Tempestades emocionales y espirituales consisten de:

> ➤ *Culpa.* El líder caído siente una tremenda culpa, sabiendo que ha violado la Palabra del Señor y sus votos nupciales, ha traicionado sus valores bíblicos y cristianos, y ha pecado contra Dios y otras personas. A veces la cónyuge siente que tiene la culpa porque "no ha suplido las necesidades de su cónyuge, no ha sido una buena esposa", etc. La

esposa de un pastor caído dijo, "Me siento culpable por todo esto".

➤ *Depresión*. Es el fruto del sentido de desesperación que el caído experimenta. Hay preguntas sin respuestas: ¿Hay una salida? ¿Cuándo pasará esta tempestad? ¿Perderé mi ministerio, mi salario? ¿Cómo viviremos?

La depresión se define como "condición mental de penumbra y tristeza, o abatimiento". Es desánimo y sentido de estar sin esperanza de encontrar una salida. La autoestima de la persona se va al suelo. La esposa de un líder caído de iglesia expresó: "Me siento deprimida".

➤ *Enojo*. El hombre atrapado en el pecado sexual a menudo se siente enojado consigo mismo, por haber cometido su falta. Puede estar enojado con su cónyuge, echándole la culpa por lo cometido. Puede que esté enojado con su amante por revelar la aventura o por algún otro motivo. Puede estar enojado con alguna persona que haya descubierto su secreto, etc. Incluso puede estar molesto con Dios por no permitirle lo que piensa que merece y necesita. Enojo es la emoción de sentir hostilidad, indignación, o exasperación. A veces, junto con el enojo, viene el deseo de venganza, de castigar a quien se considere "culpable".

➤ *Temor*. La persona atrapada en el pecado sexual, especialmente en una "aventura", vive bajo la sombra del temor de que su pecado sea descubierto, temor a las consecuencias, temor a la pérdida de su ministerio, su sostén económico, su matrimonio, sus hijos, o su reputación.

➢ *Confusión*. La esposa de un líder caído (pastor de una iglesia grande) comentó la profunda confusión que sentía al darse cuenta del "problema" de su esposo: "No sabía qué esperar o qué hacer". La persona que cae también experimenta confusión y no sabe qué hacer. Se siente atrapada y no ve ninguna salida de su abismo. Una decisión sabia lo elude. Lucha con la decisión de confesar o no su falta. Trata de convencerse a sí mismo de que lo que hace está bien, cuando en el fondo de su alma sabe que sus actividades son condenadas por La Biblia y la ley moral de Dios. Sabe que debe terminar su relación ilícita, pero no encuentra la manera de hacerlo.

➢ *Odio*. A veces el "amor" que creíamos tener para el o la amante se vuelve odio, sobre todo cuando él o ella es la persona que revela el secreto de la relación ilícita. Uno se siente traicionado, y el "amor" se vuelve desprecio.

Amnón, uno de los hijos del rey David, "se enamoró" de Tamar, su media hermana. Por medio de trucos y engaños la sedujo y la violó. Primero decía que estaba apasionadamente enamorado de ella. Después de su relación sexual con ella (la violó), su "amor" se volvió aborrecimiento. Segundo de Samuel 13:15 dice, *"Luego la aborreció Amnón con tan gran aborrecimiento, que el odio con que la aborreció fue mayor que el amor con que la había amado. Y le dijo Amnón: Levántate, y vete".*

Uno de los efectos del amor ilícito es éste: se vuelve amargo a la postre. Por supuesto, no siempre sucede así. Hay casos cuando la atracción y deseo por la persona siguen aun después de terminada la relación y viven una separación permanente. Sin embargo, en muchos casos "lo que comienza como miel termina como hiel".

• **Carácter dañado**

Algo sucede en el carácter de un líder atrapado y caído. Su carácter sufre cambios que, si no son corregidos, pueden convertirse en rasgos permanentes. Por ejemplo, para encubrir su pecado, tiene que mentir y engañar. El que al principio mentía y engañaba, ahora *es* mentiroso y engañador. Vive una vida doble. Se convierte en hipócrita. Recurre a la manipulación de personas y situaciones. A veces hace uso de la dominación o intimidación de otros.

Este tipo de situación no sólo cambia aspectos de nuestro carácter. A la vez descubre y revela fallas en él, fallas que necesitan ser reconocidas y rectificadas. Si esto sucede a tiempo, la persona puede salvarse de una desgracia. Si no atiende de manera oportuna la situación que presenta peligro, su

> Nuestra reputación puede ser dañada por otros, pero sólo nosotros podemos dañar nuestro carácter.

carácter será dañado, y el camino de restauración será más largo y difícil. La maestra bíblica Joyce Meyers dijo en una ocasión, "El carácter es formado por muchos actos, pero puede ser destrozado por uno solo". Nuestra reputación puede ser dañada por otros, pero sólo nosotros podemos dañar nuestro carácter.

- **Confianza destruida**

Como líderes, una cantidad considerable de personas deposita su confianza en nosotros, incluyendo a nuestro(a) cónyuge, los hijos, otros líderes, la congregación o grupo que dirigimos, nuestros amigos, y la comunidad donde vivimos.

Estas personas confían en que seremos un buen ejemplo, mantendremos en alto las normas bíblicas de santidad, llenaremos sus expectativas de honestidad e integridad y, en fin, viviremos una vida tal que les permita decir con orgullo: "Ése es mi cónyuge, mi papá, mi pastor, o mi maestro, etc". Cuando descubren que no vivimos esa clase de vida, su confianza depositada en nosotros se va a pique.

La confianza es la base de las relaciones humanas. Cuando ésta se desmorona, desaparece el fundamento de las relaciones. La familia, los colegas, y el grupo que dirigimos, sienten que ya no somos dignos de confianza. Sienten que ya no pueden creer en nosotros, y se sienten defraudados. Una vez quebrada la confianza, cuesta tiempo y trabajo recuperarla. Tenemos que volver a ganarnos la confianza de otros, y esto sólo ocurre cuando ven en nosotros verdaderos cambios durante un tiempo razonable.

- **Cautiverio en una trampa**

Parte del alto costo del pecado sexual es el cautiverio donde se encuentra la persona caída en esa trampa. Podemos convertirnos en adictos a ciertos pecados, víctimas del chantaje, o prisioneros de nuestra lujuria. Un hombre testificó: "Quedé libre del alcohol

> Podemos convertirnos en adictos a ciertos pecados, víctimas del chantaje, o prisioneros de nuestra lujuria.

en un momento, pero me costó cuatro años de dura lucha liberarme del control de la pornografía".[3]

Cuando hay relaciones sexuales entre dos personas, se forma una liga o vínculo emocional, entre ellos. Este lazo continúa aunque dejen de tener relaciones físicas. Un pastor tuvo intimidad física con una joven de su iglesia. Más tarde la familia de ella se mudó lejos, a otro estado. El pastor confesó que seguía sintiendo atracción y deseos de volver a estar con ella. Este vínculo no se rompe fácilmente.

Pablo explica que la unión sexual nos hace "una carne" con otra persona, aunque esa persona sea prostituta (1 Cor. 6:16). La intención santa de Dios en el principio (Gén. 2) de ser "una sola carne" con el o la cónyuge se pervierte cuando los dos no son casados. No obstante, el vínculo existe, y sigue sirviendo de imán entre las dos personas, aunque ya no lo deseen. Un pastor tuvo una aventura con una mujer soltera de su iglesia. Su pecado se descubrió y él se fue a trabajar a una iglesia en otra región de su país, sin ser restaurado. Aunque ella también se mudó a otra área, él seguía sintiendo un deseo ardiente de estar con ella, y en sus viajes "ministeriales" la visitaba.

El lazo emocional y espiritual, o "vínculo" que existe entre un varón y su esposa es parte del plan de Dios para su matrimonio, porque enlaza, liga, y fusiona a los dos en una unión inseparable de espíritu, alma, y cuerpo. "Una sola carne" significa que los dos son realmente "uno", espiritual, emocional, y físicamente (Gén. 2:23–25). Son uno en propósito, en corazón, y comparten el mismo sistema de valores. Cuando Pablo declara que esto no debe ocurrir con una "ramera" (1 Cor. 6:16), significa que no debe suceder con ninguna mujer que no sea nuestra esposa.

- **Enfermedades venéreas**

Alfonso, un líder activo en su iglesia en un país de América Latina, comenzó a descuidar tanto su matrimonio como su vida de comunión con Dios y tuvo una serie de "aventuras" románticas. Como consecuencia, contrajo una enfermedad venérea, la cual transmitió a su esposa. Cuando ella quedó contagiada, tuvo que ser sometida a tratamientos especiales, y cirugía, para finalmente ser sanada.

Los expertos dicen que cuando uno tiene relaciones sexuales con una persona, también tiene relaciones con todas las personas con las cuales esa persona tuvo relaciones sexuales durante los últimos diez años. El autor y consejero, Jerry Kirk nos recuerda el mismo concepto, explicando que dos personas unidas en relaciones sexuales forman un vínculo o ligadura el uno con el otro y vienen a ser una sola carne. "Así [en ese sentido], un hombre trae a su cama matrimonial a cada mujer con la cual ha tenido relaciones. Esto puede afectar su capacidad de amar plenamente a su esposa y disfrutar de una intimidad con ella que es verdadera y única".[4] Esto afecta no sólo en el área física sino también espiritual y emocional, pues la mente de uno puede contener recuerdos e imágenes de esas otras personas.

HERIDAS EN NOSOTROS MISMOS Y EN OTROS

Pensar que nuestra vida es nuestra para vivirla como queramos, o que nuestro cuerpo es nuestro para hacer con él según nuestros propios deseos y caprichos, es un error grave. La Biblia dice: *"Porque ninguno de nosotros vive para sí mismo, y ninguno muere para sí mismo* (Rom. 14:7 LBLA). En otras palabras, nuestras decisiones y acciones afectan la vida de otros. No tenemos derecho a vivir de manera egoísta, para nuestro propio beneficio o placer. Somos responsables de vivir una forma de vida que no lastime, sino edifique a otros. Cuando decidimos llevar un estilo de vida pecaminoso, hemos de reconocer que otros serán afectados. ¿Quiénes son los afectados?

- **Dios.** Herimos el corazón de nuestro Padre cuando lo desobedecemos y vamos en contra de sus mandamientos. Sus normas son para nuestro bien. Le causamos dolor a su gran corazón de amor cuando despreciamos su palabra. Proverbios 10:1 nos enseña que *"El hijo sabio es la alegría de su padre; el hijo necio es el pesar de su* *madre"* (NVI). El deseo de todo hijo de Dios debe ser el de alegrar el corazón de su Padre celestial. Vivir en obediencia es la única manera de hacerlo, y hace que él diga de nosotros, como lo dijo de Jesús: "Éste es mi hijo amado, en quien tengo complacencia".

- **El cónyuge.** Hay pocas heridas tan crueles como la del rechazo por parte del cónyuge. Una esposa, por ejemplo, regala su vida, su corazón, su cuerpo y su futuro, a un hombre que promete amarla, protegerla, y serle fiel toda la vida. La infidelidad de su marido le dice: "Tú ya no eres suficiente ni adecuada. No eres lo que yo necesito ni quiero. Quiero a otra persona. Tú ya no suples mis necesidades. Necesito algo más". La esposa se siente traicionada, usada, burlada, y rechazada.

> La infidelidad de su marido le dice: "Tú ya no eres suficiente...Necesito algo más".

Considere el precio que tuvo que pagar Socorro, la esposa de un pastor. Cuando su esposo tuvo relaciones sexuales con una joven menor de edad de la iglesia, él fue acosado y avergonzado públicamente por las agencias de noticias, arrestado, y llevado a la cárcel. Socorro fue rechazada por su iglesia por el estigma que llevaba la situación, y se quedó sin entradas económicas. Ella no pudo hacer los pagos de su casa y tuvo que venderla junto con unas posesiones personales. Finalmente se acomodó en un apartamento pequeño con sus hijos. También, por la falta de este pastor, la familia de la muchacha demandó legalmente a la denominación a la cual pertenecía la iglesia.

- Cuando nos casamos prometemos proteger el corazón de nuestro(a) cónyuge, no quebrantarlo. Una mujer se encontraba con su médico, el cual estaba examinando su corazón con su estetoscopio. "¿Suena quebrantado?" le preguntó ella. Cuando el Gran Médico divino examina los corazones de su pueblo, temo que muchos de ellos estén quebrantados, aunque nadie más se dé cuenta. "En mis cuarenta y cinco años de consejería, he descubierto que nada causa más dolor en una relación que la infidelidad", dijo el pastor y escritor Tim Lahaye.[5]

- **Los hijos.** La esposa de un pastor caído dijo: "Una mañana después de que mi marido renunció su ministerio y se fue a vivir con otra mujer, mi hijita estaba llorando sin parar. Yo le dije que tenía que ser fuerte, y ella respondió: 'Mamá, mi fuerte está roto'". Los hijos sufren las consecuencias de nuestro pecado.

Cuando Datán y Abiram, junto con Coré (Números 16), se rebelaron contra Dios y Moisés, no sólo ellos fueron castigados por Dios, sino que también sus familias sufrieron las consecuencias: "*...y lo que hizo con Datán y Abiram... cómo abrió su boca la tierra, y los tragó con sus familias, sus tiendas, y todo su ganado, en medio de todo Israel*" (Deut. 11:6). La idea no es que Dios castigó a *sus familias*, sino que sus familias sufrieron las consecuencias del pecado de sus padres.

El caso de Acán

Acán desobedeció el mandamiento claro del Señor (Josué 7), tomando cosas en la conquista de Jericó que Dios había prohibido. Notemos el resultado de su desobediencia (Josué 7:11):

> ➤ *"Israel ha pecado"*. En la mente de Dios, el pecado de Acán fue considerado pecado de la nación. ¡Nuestro pecado afecta a otros!

> ➤ *"han quebrantado mi pacto"*... El pacto que Dios había hecho con su pueblo fue violado. Cometer adulterio es quebrantar el pacto de matrimonio que uno hace con su cónyuge y con Dios.

> ➤ *"han tomado del anatema"*... Acán tomó cosas para sí, que habían sido dedicados a destrucción, atrayendo una especie de maldición sobre él y la nación. El pecado sexual, específicamente la fornicación y el adulterio, tiene la capacidad de quitar la bendición de Dios y traer maldición sobre un pueblo, una familia, una iglesia, o un matrimonio.

> ➤ *"y hasta han hurtado"*... Acán tomó lo ajeno, algo que no tenía derecho alguno a tomar. David robó la mujer de Urías, uno de sus hombres más fieles. Cuando hay adulterio, uno toma, roba, hurta a una persona que pertenece a otro. Está tomando algo a lo que no tiene derecho. Usurpa una autoridad. Le da a otro el amor que le pertenece a su cónyuge, al cual tiene derecho exclusivo a recibir.

➤ *"han mentido"*... Como veremos más adelante, el pecado sexual fomenta y exige cometer otros pecados, como la mentira. Casi siempre se necesita mentir para cubrir el pecado.

➤ *"y aun lo han guardado (escondido) entre sus enseres...* Casi siempre lo secreto también forma parte de situaciones suscitadas por el pecado sexual. Hay que esconder, encubrir, ocultar, y guardar secretos relacionados con nuestras actividades ilícitas.

➤ Uno de los textos más conmovedores en La Biblia es Josué 7:24–25, donde vemos que no sólo Acán fue castigado por su pecado, sino también su familia sufrió con él las trágicas consecuencias: *"Entonces Josué, y con él todo Israel, tomó a Acán, hijo de Zera, y la plata, el manto, la barra de oro, sus hijos, sus hijas, sus bueyes, sus asnos, sus ovejas, su tienda y todo lo que le pertenecía, y los llevaron al valle de Acor. Y Josué dijo: ¿Por qué nos has turbado? El Señor te turbará hoy. Y todo Israel los apedreó y los quemaron después de haberlos apedreado"* (LBLA). No sólo la familia de Acán recibió el efecto de su desobediencia, sino que treinta y seis hombres perdieron la vida en la batalla contra Hai (7:5). La derrota militar que sufrió Israel en Hai fue un fruto más del acto desafiante y rebelde de Acán. El caso de este varón egoísta y codicioso nos da un ejemplo clásico de cómo personas inocentes sufren las consecuencias de los pecados de otros.

- **Otros líderes.** Los colegas en liderazgo sufren la pérdida de confianza en el líder caído, además de soportar el estigma que el mal testimonio da en el ministerio o la iglesia afectada. El ejemplo del líder caído se va al suelo, y su influencia positiva se pierde. Otros líderes tienen que trabajar doble para reparar daños, aconsejar a personas heridas por la falta, hacer el trabajo del líder caído, etc. Otros líderes también se encuentran involucrados en la restauración del líder caído, lo cual ocasiona mucho desgaste físico, emocional, y de tiempo y finanzas. Otro efecto en los colaboradores ocurre cuando hay cambios y ajustes en los puestos de liderazgo para llenar vacantes o reorganizar.

- **Nuestros seguidores.** Los que siguen nuestro liderazgo sufren la desilusión causada por nuestra caída. Ellos nos confiaron el cuidado de sus almas, sus familias, sus matrimonios, su vida espiritual, y ahora esa confianza se estropea.

Hace algunos años nos tocó ayudar a una iglesia que había pasado un tiempo de gran turbulencia espiritual. Después de muchos conflictos el pastor anterior se había ido de la iglesia. La gente que quedó después de la "tormenta" había perdido la confianza en los pastores y líderes.

> El ejemplo del líder caído se va al suelo, y su influencia positiva se pierde.

En su misericordia, Dios trajo restauración, fortalecimiento, y los afianzó. Después de unos meses de ministerio en la iglesia nombramos a un nuevo pastor y la iglesia volvió a caminar en la bendición de Dios. Posteriormente, algunos miembros nos dijeron: "Ustedes restauraron nuestra confianza en los líderes ministeriales, confianza que prácticamente habíamos perdido".

Una vez perdida la confianza, no es tarea fácil volver a recuperarla. Un líder caído tiene que empezar el largo proceso de volver a ganarse la confianza de la gente. En algunos casos esto no se logra. Casi siempre hay gente herida. Algunos se van de la iglesia, mientras otros, desilusionados, vuelven al mundo. Una congregación perdió diez familias en un año debido a la falta de integridad del pastor. Nuestra tarea como líderes es sanar heridas en las ovejas, no herirlas; unir el rebaño, no esparcirlo.

Hay otra forma en la que congregantes y líderes son dañados: por ignorar los verdaderos hechos del caso, se ponen del lado del líder caído y lo defienden, por lealtad o por lástima (por la disciplina que es necesario imponer). Estos seguidores engañados no comprenden la naturaleza y seriedad de la situación, y ven como "los malos" a las autoridades espirituales que deben tratar la situación difícil y aplicar medidas de disciplina y restauración al caído. A menudo estas personas, que ignoran la verdad, siguen al líder caído en la formación de "una nueva iglesia", o una nueva obra, que éste comienza sin haber sido restaurado. Esta triste situación se da en demasiados casos.

• **Nosotros mismos.** No sólo dañamos la vida de otros, sino también la de nosotros mismos. Como se mencionó anteriormente, nuestro carácter es dañado. Ya no nos respetamos a nosotros mismos. Nos sentimos traicionados por nosotros mismos, heridos por nuestras propias armas. Nuestra autoestima sufre. El gozo se evapora. A veces descuidamos el trabajo o bien trabajamos doble para tapar nuestra culpa o "expiar" nuestro pecado. Pasamos por valles de angustia. Nos sentimos hipócritas. Comprometemos nuestros valores. Todo esto, y mucho más, ocurre mientras aparentamos que todo está normal.

Pablo era un pastor de jóvenes. Desde la edad de once años había sido prisionero de la pornografía, especialmente del tipo que presentaba a jovencitas. Ahora, como pastor de jóvenes, se involucró sexualmente con una joven de 16 años (tener relaciones sexuales con menores de 18 años es un crimen en su país). Cuando su pecado salió a luz fue arrestado. Antes de ser juzgado por el acto, se suicidó. Pablo fue una víctima más del poder destructor del pecado sexual.

Amistades destruidas. Debido a la pérdida de confianza, a la falta de verdadero arrepentimiento, a malentendidos, malas actitudes, confusión, hipocresía, sospechas y decisiones imprudentes tomadas por la persona caída, y otros factores, amistades que eran de mucha confianza a veces son destruidas. Personas que caminaban juntas como íntimos amigos en una relación de amistad y compañerismo, se encuentran luego separadas y hasta enemistadas, como fruto del pecado sexual.

Personas de convicciones y principios ya no pueden

andar en compañía de personas que no practican la integridad y se niegan a reconocer y abandonar el pecado. Cuando esto ocurre, se encuentran en la encrucijada donde es imposible seguir caminando juntos. Cuando Pablo exhorta a Timoteo a "no participes en pecados ajenos" (1 Tim. 5:22), quiere decir que Timoteo no debía hacer nada para dar la impresión de que aprobaba la mala conducta de creyentes, especialmente líderes.

Esto no quiere decir que sea correcto abandonar o rechazar a un amigo si está luchando por ser libre y hay verdadero arrepentimiento. Si la persona acepta el proceso de restauración, hay razón para seguir a su lado, apoyándola. Me refiero a casos cuando el caído no muestra señales verdaderas de querer salir del abismo, o cuando rechaza el proceso de restauración.

Aparentemente, este fue el caso del hombre en 1 Corintios 5 que cometió incesto con la mujer de su padre. Por un tiempo (no sabemos cuánto) él no estaba dispuesto a arrepentirse. Durante ese espacio de tiempo, Pablo exhortó a los corintios:

> *"En mi carta os escribí que no anduvierais en compañía de personas inmorales; no me refería a la gente inmoral de este mundo, o a los avaros y estafadores, o a los idólatras, porque entonces tendríais que salir del mundo. Sino que en efecto os escribí que no anduvierais en compañía de ninguno que, llamándose hermano, es una persona inmoral, o avaro, o idólatra, o difamador, o*

borracho, o estafador; con ése, ni siquiera comáis" (1 Cor. 5:9–11 LBLA).

Luego, en el versículo 13, él dice: *"Expulsad de entre vosotros al malvado".*

Mantenerse en comunión con una persona que se niega a arrepentirse del pecado sexual no es una señal de amistad o fidelidad. Dios ama al pecador, pero no ama o aprueba su pecado. Exige arrepentimiento y cambio. Hemos de imitarlo a él (Efe. 5:1) y amar al caído, sin que parezca una aprobación de su conducta. La estrategia de Pablo era que esta "represión" (desaprobación) de parte de los miembros de la iglesia de Corinto, resultara en el arrepentimiento y la salvación del varón. Al parecer funcionó, porque después Pablo habla de su arrepentimiento, perdón, y restauración (2 Cor. 2:5–11). Pero, desafortunadamente no todo caso termina así, y a veces el caído persiste en malas actitudes y renuencia a ser restaurado. En estos casos, muchas amistades no sobreviven la tempestad y se hunden en un mar de frustración y enemistad.

Oportunidades perdidas

> Sansón no era tanto el prisionero de los filisteos, sino de su propia lujuria.

Como ya se mencionó, Sansón perdió la oportunidad de liberar a su pueblo de los filisteos, glorificar a su Dios ante el mundo, ser un buen ejemplo para los jóvenes de Israel, y vivir una vida de gozo y satisfacción. Sansón no era tanto el prisionero de los filisteos, sino de su propia lujuria.

Un pastor que había caído en la trampa del adulterio dijo: "Mi esposa y yo hemos luchado mucho y fracasado de manera espectacular. ¿Cuántas personas estarán heridas y cuántas almas no serán alcanzadas debido a este adulterio? ¡Es un desperdicio tan grande que no lo puedo soportar"!

¿Cuánto cuesta?

* ¿Cuál es el costo de participar "en las obras infructuosas de las tinieblas"? (Efe. 5:11)

Preguntémosle a Sansón: "Yo fui llamado a liberar a Israel de los filisteos, y comencé bien. Pero la lujuria que operaba en mi vida carnal me hizo esclavo de ellos y de mi propia lujuria. En vez de libertador, me convertí en un necio patético, un objeto de lástima, ridiculizado por los enemigos de Dios".

* ¿Cuál es el precio que se paga por el pecado sexual? *Preguntémosle a David*: "Maté osos, leones, y a un gigante. Dirigí ejércitos victoriosos que vencían a los enemigos de mi Dios y expandían las fronteras de Israel. Era rey de Israel, salmista, músico, poeta, profeta… Pero fui vencido por los deseos de la carne, es decir, mi codicia por la mujer de otro hombre, Urías. Yo lo maté; uno de mis soldados más valientes y leales; lo maté para encubrir mi pecado y robar su esposa. Dios me perdonó, pero he tenido mucho sufrimiento y caos en mi familia: Mi hijo Amnón violó a su media hermana Tamar. Absalón mató a su

hermano Amnón. Absalón se sublevó contra mí y me causó mucha angustia antes de morir él de una manera sangrienta y vergonzosa. Otro hijo, Adonías, usurpó el trono antes de la coronación de Salomón. Espero que en el cielo me sigan "el bien y la misericordia", pero desde mi caída con Betsabé me han seguido el dolor y la angustia".

- ¿Cuánto cuesta dar rienda suelta a la carnalidad? *Preguntémosle a Lot*: "Quería residir en Sodoma por las ventajas económicas y las comodidades. Después vi que fue un error. Dios nos sacó de allí, pero ese ambiente que vivimos por años cobró su precio. Mi esposa murió por desobedecer a Dios. Mis hijas cometieron incesto con su padre. Sí, tuve relaciones sexuales con mis propias hijas, aunque no lo supe porque ¡estaba borracho! Como si eso no fuera suficiente, dos hijos nacidos de ellas, Moab y Ben-ammi, fueron progenitores de los moabitas y amonitas, pueblos que posteriormente fueron un aguijón en la carne de Israel. Primero fui un problema para mi tío Abraham, luego para todo Israel".

- ¿Cuánto cuesta la desobediencia a los mandamientos de Dios? *Preguntémosle a Elí, el sacerdote*: "Mis hijos, también sacerdotes, tomaban de manera egoísta y codiciosa la mejor parte de las ofrendas que traía el pueblo del Señor al Tabernáculo. Pero peor, sí, mucho peor, era su conducta con las mujeres que ayudaban en el servicio del Tabernáculo, pues tenían relaciones sexuales con ellas, y yo toleraba su mala conducta, sin corregirlos. ¿El precio de todo esto? Dios cortó y quitó el sacerdocio (ministerio) de mis descendientes, mis hijos murieron en la guerra, Israel perdió una batalla importante, y el Arca del Pacto fue capturada por los filisteos. Siento que mi vida ya no tiene sentido ni propósito. Yo también prefiero la muerte porque no encuentro una razón para vivir".

Éstos son ejemplos del lamento de personajes bíblicos que sucumbieron a la tentación del pecado sexual. Junto con las palabras tristes de creyentes y líderes contemporáneos, constituyen un testimonio elocuente del precio alto de ceder a la tentación de la inmoralidad sexual.

EL GRAN LADRÓN

El pecado es un ladrón. Nos roba el gozo de cumplir nuestros ministerios con paz y satisfacción y de acabar nuestra carrera con victoria. Nos roba el éxito de Dios planeado para sus siervos. Nos quita el fruto de un ministerio bendecido y cumplido. Nos roba la felicidad de un matrimonio amoroso y una familia unida y bendecida. Nos roba el respeto de otros, y el respeto para nosotros mismos. Destroza nuestra autoestima. Nos roba el tiempo, la salud, la fuerza física, mental, emocional y espiritual. Nos roba las finanzas. Nos hurta la confiabilidad. Nos roba nuestro carácter e integridad. Nos roba la unción. Nos roba nuestros sueños. Roba nuestro destino. Es el engaño del siglo, perpetrado por nuestro enemigo, Satanás. El pastor y consejero de pastores, H. B. London, Jr. dijo, "La infidelidad... sabotea la obra de Dios".[6]

Y, ¿qué nos da a cambio de todo esto? ¿Cuál es el gato que nos da por nuestra liebre? Dolor, angustia, depresión, fracaso, cargas insoportables, confusión, vergüenza, enfermedad, esclavitud, pesadillas, espejismos, amargura, promesas vacías, desilusión.

Si el precio del pecado sexual es tan alto, y su costo tan incalculable, ¿por qué las personas están dispuestas a poner en peligro su integridad y a arriesgar tanto para recibir tan poco? Muchos, en distintas partes del mundo, y en este mismo momento, caminan a la orilla de un precipicio moral. En el siguiente capítulo veremos algunas razones por las cuales lo hacen.

Para reflexionar...

1. Si usted está practicando algún pecado sexual, ¿ha calculado el costo que habrá de pagar?

2. ¿Cree usted que la "recompensa" (*"gozar de los placeres temporales del pecado"*, Heb.11:25) que recibieron Sansón, David, Lot y los hijos de Elí es de más valor que la recompensa que habremos de recibir de Dios? ¿Por qué?

3. ¿Por qué cree usted que los siervos de Dios arriesgan tanto para recibir tan poco a cambio?

Notas

[1] El pecado de Saúl no era de índole sexual, sino de desobediencia a los mandamientos claros de Dios, lo cual le hizo pagar un precio bastante alto: la pérdida del reino. Su reinado pasó a manos de otro siervo de Dios. Él después admitió: "Yo he hecho neciamente, y he errado en gran manera" (1 Sam. 26:21). La NVI dice: *"Me he portado como un necio".* Saúl viene siendo ejemplo de líderes que sufren la pérdida de su ministerio porque no ejercen la disciplina de poner freno a su pecado y arrepentirse a tiempo.

[2] No estamos diciendo que esto ocurrirá en todos los casos, o que necesariamente un líder caído perderá su ministerio de manera permanente. Aunque algunos eruditos y maestros de La Biblia toman la posición de que un pastor caído nunca puede volver al ministerio pastoral, la mayoría cree que la restauración es posible y que esto debe ser la meta. Es también la posición que asume este autor, aunque reconocemos que en algunos casos el proceso de restauración se complica debido a la falta de buenas actitudes, disposición adecuada, verdadero arrepentimiento, etc., por parte de la persona caída. Las malas actitudes, falta de arrepentimiento o renuencia a enfrentar y tratar adecuadamente problemas internos, bloquea o prolonga la restauración. Aun en los casos de restauración hay "pérdida del ministerio", por lo menos durante el tiempo de restauración.

Hay muchas ramificaciones de esta cuestión, y el autor está planeando el proyecto de otro libro sobre la restauración de líderes caídos para tratar el tema más detenidamente.

[3] Roberts, Ted, *Pastors at Greater Risk (Pastores en peligro)* Regal Books, 2003, p. 251

[4] Kirk, Jerry, *Seven Promises of a Promise Keeper (Siete promesas de un cumplidor de promesas)* Focus on the Family, Colorado Springs, Colorado, 1994, p. 97

[5] Lahaye, Tim, *The Act of Marriage After 40 (El acto de matrimonio después de los 40)*, Grand Rapids, Michigan, Zondervan Publishing House, p. 16

[6] London, H.B. Jr., y Wiseman, Neil B., *Pastors at Greater Risk (Pastores en peligro)* Regal Books, 2003, p.50

5

Comprenda las influencias

Causas de una caída moral

"...la maldición nunca vendrá sin causa". Proverbios 26:2b

¿Cuáles son los factores que contribuyen a una caída moral en la vida de un creyente o siervo de Dios? Una sola de estas "causas" no comprueba que una persona esté en pecado, o que esté necesariamente en peligro de una caída. Pero sí son indicadores de que la persona debe vivir con cautela y discernimiento *"para que Satanás no gane ventaja alguna sobre nosotros; pues no ignoramos sus maquinaciones"* (2 Cor. 2:11). Cuando varios de estos factores están presentes, la persona sabia disminuirá su velocidad, hará un inventario de su vida y situación, y hará los ajustes necesarios para evitar una desventura en una de las "curvas peligrosas" de las relaciones humanas. En este capítulo veremos algunas de las influencias que pueden convertirse en causas de una caída moral.

Una aventura o caída en pecado sexual consiste en dos factores: 1) la *preparación*. Hay situaciones en nuestra vida, matrimonio o ministerio, que nos "preparan", es decir, nos hacen susceptibles o vulnerables a la caída. 2) la *oportunidad*. Cuando algunos factores nos preparan, tarde o temprano se presentará la "oportunidad", o sea la tentación.

Exceso de trabajo y actividades. En un estudio de veinticinco ministros atrapados en el pecado sexual, se descubrió que el 80% de los pastores era "adicto al trabajo", cargado de exceso de actividades y responsabilidades. Es una de las causas más frecuentes de caídas. Esto afecta de las siguientes maneras:

> El 80% de los pastores eran "adictos al trabajo".

- El cansancio físico y mental disminuye las fuerzas que uno necesita dedicar a su matrimonio y familia.

- El exceso de trabajo absorbe al líder y le quita el tiempo que necesita para cultivar y fortalecer su matrimonio. En un estudio, el 80% de los pastores dijo que pasaba tiempo insuficiente con su cónyuge.[1]

- En algunos casos la esposa del líder trabaja a tiempo completo en algún empleo o en el ministerio, lo cual agrava la situación, porque a ella también le escasean el tiempo y la fuerza física. Un pastor comentó: "Nuestra mayor necesidad en el matrimonio es la comunicación, la tolerancia y la paciencia. Siento que mi esposa no me apoya. Nos falta tiempo para estar juntos porque tenemos ministerios separados, además de dos niños pequeños y otro que viene en camino". No es difícil comprender la frustración de este pastor. Ni a él ni a ella les alcanza el tiempo para cultivar su vida matrimonial. En estos casos el amor y el compañerismo son como una fogata cuando nadie tiene tiempo para echar más leña, se apaga.

- La fatiga y el desgaste nos bajan la guardia y hacen más difícil resistirse a la tentación. Este desgaste viene a causa de problemas en el ministerio, conflictos con miembros de la iglesia o con otros líderes, mucho estudio para preparar sermones o estudios bíblicos, organización y administración, reuniones de negocios, resolver problemas de la gente, y otros.

En un estudio de la vida pastoral, se descubrió que el 40% de pastores experimenta un conflicto serio con algún miembro de su iglesia por lo menos una vez al mes.[2] Este desgaste de los líderes les baja la guardia para defenderse de la tentación cuando ésta se presenta.

- Uno puede justificar su conducta impropia con argumentos como que si trabaja tan duro y produce tanto para la iglesia o el ministerio, realmente "merece" un poco de gozo y placer, y si hay alguna duda, de todos modos "Dios va a comprender que uno lo necesita". Por supuesto esto es un engaño; pero tales pensamientos invaden la mente de quien está agotado y tiene propensión hacia el pecado sexual.

- Un líder expresó: "Yo he sido adicto al trabajo en mi ministerio, y eso me costó mi familia. Recientemente mi esposa se divorció de mí y se llevó nuestros hijos. Ahora mi vida es solitaria y vacía". El psicólogo cristiano James Dobson, fundador del ministerio Enfoque a la Familia, dijo en una ocasión: "La sobrecarga de actividades y trabajo es el asesino número uno de los matrimonios".

> "La sobrecarga de actividades y trabajo es el asesino número uno de los matrimonios".

Problemas en el matrimonio del líder. La esposa de un líder caído expresó: "La aventura de mi esposo no estaba destruyendo nuestro matrimonio. Nuestro *matrimonio* era lo que estaba destruyendo nuestro matrimonio". Es decir, el mal estado de su matrimonio estaba causando que se destruyera a sí mismo. La aventura era un síntoma de la mala condición de su matrimonio. Un pastor lamentó: "Necesitamos ayuda para escapar de este círculo vicioso de atacarnos en nuestro matrimonio. Hacemos cosas destructivas el uno al otro".

Como comenté en el capítulo uno, en una encuesta con pastores el 50% comentó que no estaba contento ni satisfecho con su vida íntima matrimonial. Cuando esto ocurre, la trampa del pecado sexual ya está tendida. Un siervo de Dios comentó: "Tengo miedo de que se presente una 'atracción fatal', una que pueda matar nuestro matrimonio".

Muchos líderes no reconocen la importancia de cultivar su propio matrimonio y su vida de hogar. En un estudio realizado a pastores, sólo el 12% dijo que la prioridad número uno de su vida era su familia.[3] Muchos necesitan ayuda y consejería para fortalecer y corregir fallas en sus propios matrimonios. El 48% dijo que estar en el ministerio era dañino para su familia.[4]

Aburrimiento. En algunos casos el marido descarriado está aburrido de su matrimonio en general o, más específicamente, de la vida íntima que vive con su cónyuge. O bien está hastiado del ministerio o de la vida misma. Todo se vuelve una rutina insípida, sin frescura ni creatividad. Luego la infidelidad brota del suelo, de la "necesidad" de algo nuevo y diferente. En fin, un nuevo desafío.

En vez de buscar renovar la relación y el compañerismo dentro del matrimonio, el varón busca la solución afuera. Cuando nos encontramos en este estado de ánimo y la tentación se presenta en la forma de una persona atractiva e interesada en nosotros, no es fácil resistirla.

Falta de capacidad para manejar las amistades con personas del sexo opuesto. Algunas aventuras brotan de la amistad que sostenemos con personas del sexo opuesto. Como vimos antes, el frecuente contacto social entre amigos puede dar lugar al surgimiento de sentimientos impropios. No hay nada malo en tener amistad con personas del sexo opuesto. El error está en no saber establecer límites y mantener la relación a nivel de amistad. En muchos casos, no sabemos evitar la "sexualización" de la relación. Cuando permitimos que una buena amistad se vuelva romántica, la relación se parece al malogrado Titanic, sólo le esperan el naufragio y la tragedia.

Orgullo. Creo que la caída del rey David con Betsabé no tenía como causante la lujuria. Es decir, David no "necesitaba" a Betsabé, porque tenía todas las mujeres hermosas que quisiera. Su caída fue el resultado del orgullo: ¡"Soy el rey; tengo todo poder y autoridad; puedo hacer lo que quiera y tener lo que quiera, y quiero a esa mujer"!

Si somos víctimas de este mal, el orgullo, entonces las atenciones, las miradas, la adulación, etc., nos "confirman" que somos guapos, inteligentes, competentes y deseables. Esto es aún más cierto cuando el o la cónyuge no acostumbra darnos este tipo de afirmación, dejando un vacío que otra persona puede llenar. El problema es que ¡no faltan personas que están esperando la oportunidad de llenar ese vacío!

El orgullo nos hace creer que somos superiores a nuestro(a) cónyuge y que realmente merecemos más de lo que él o ella nos puede dar. Esta actitud abre la puerta a la tentación. *"Antes del quebrantamiento es la soberbia, y antes de la caída la altivez de espíritu"* (Prov. 16:18). La NVI dice, *"Al orgullo le sigue la destrucción; a la altanería, el fracaso"*. Ésta es una de las "señales" que Dios pone en nuestro camino. Si detectamos la soberbia en nosotros, debemos rechazarla y cultivar la humildad. La humildad hace que veamos lo bueno en los demás, y que uno *"no tenga más algo concepto de sí que el que debe tener, sino que piense de sí con cordura..."* (Rom. 12:3). El orgullo hace que despreciemos a nuestro cónyuge; la humildad nos motiva a apreciarle y a darle gracias a Dios por él o por ella.

Baja autoestima. La persona que sufre de baja autoestima también tiene un vacío en su alma que urge ser llenado.

La diferencia está en el porqué existe el vacío. En el orgulloso, el vacío existe porque su cónyuge no llena sus expectativas. En este caso, la persona de baja autoestima piensa que su vida tiene poco valor, que no es atractiva, que no es útil o talentosa, etc. Por lo tanto, necesita oír de otros palabras que afirmen su valor. Esta persona está susceptible a la tentación cuando alguien del sexo opuesto suple su necesidad y llena el vacío. Quien afirma su valor la atrae con facilidad. Esta atracción se puede convertir en tentación, y la tentación, si no es resistida, en caída.

Este problema nace cuando buscamos nuestro valor en lugares equivocados. Es la causa de la caída de muchas jovencitas en la fornicación. Si tuvieran un concepto más sano de su valor como personas, no serían presa fácil de jóvenes que desean utilizarlas para sus propios fines. Nuestro valor se fundamenta en el amor que Dios tiene para nosotros, y el valor que él le da a nuestras vidas. La muerte de Cristo en la cruz demuestra el valor que él nos da. La persona que conoce su valor en Cristo no estará propensa a caer en la trampa del pecado sexual. Tiene una autoestima sana porque entiende que el valor de nuestras vidas no se mide por cosas externas, sino por nuestra identidad en Cristo.

Los pastores no están exentos de esta propensión hacia una baja autoestima: Una encuesta reveló que el 70% sufre de una autoestima más baja que cuando comenzaron en el ministerio.[5] La fatiga, frustración por la falta de fruto en su ministerio, conflictos con miembros de las iglesias, etc., son la causa de esta lucha en la vida de los líderes.

Además, la mitad (50%) de pastores entrevistados, dijeron que no se sienten competentes para enfrentar las demandas de su ministerio pastoral.[6]

Soledad. En Sudamérica un misionero médico se ausentaba mucho de su casa para visitar aldeas y atender enfermos.

> Ella no era capaz de resistir el hambre de afecto que su marido ausente no satisfacía.

Su esposa no podía acompañarlo en sus viajes y se quedaba en casa. Con el tiempo ella comenzó a sentir los efectos de la ausencia de su marido y la soledad resultante. Su amistad con un varón de su comunidad empezó a florecer y se fortalecía cada vez más hasta convertirse en una relación de adulterio. La soledad la venció.

Ella no era capaz de resistir el hambre de afecto que su marido ausente no satisfacía. La soledad es otra de las señales que aparecen en nuestro camino. Desafortunadamente, ni ella ni su esposo, un siervo de Dios, hicieron caso de la señal a tiempo.

Algunas aventuras comienzan, no como búsqueda de lo sexual o de romance, sino como un escape de la soledad. Un experto en esta área dice que es tres veces más probable que una aventura resulte de la búsqueda de compañerismo, que por motivos sexuales o románticos. El problema es que la relación no se mantiene en ese nivel, sino que progresa hacia lo romántico y sexual. Dennis Rainey, otro experto en el área de consejería matrimonial, autor de libros y maestro bíblico, dijo: "Nunca he aconsejado a una persona que haya tenido una aventura que haya comenzado en una nota sexual, sino emocional".[7]

Una mujer, cuyo marido era poco comunicativo, un día saludó a su vecino en el patio de su casa. El vecino mostró interés en ella, haciéndole preguntas acerca de su vida, etc. Otro día platicaron de nuevo. Ella descubrió que su corazón estaba "respondiendo" a la atención e interés que el vecino le demostraba. Lo comparaba con su marido, el cual casi nunca le hablaba y demostraba poco interés en ella. Ella sentía que para este vecino su vida tenía valor. Sentía un nuevo gozo y atracción hacia él. En fin, esto seguía, hasta que un día se encontraron en la cama. Esta desgracia se habría evitado si la mujer hubiera guardado su corazón (Prov. 4:23) y si el marido hubiera sabido cuidar a su mujer y su matrimonio.

Descuido de la relación personal con Dios. El conocido educador Howard Hendricks hizo una encuesta a unos 600 pastores caídos. En su reporte casi todos tenían tres cosas en común:

1. Deficiencia en su tiempo de comunión personal con Dios.

2. No le rendían cuentas a nadie.

3. Pensaban: "Eso nunca me pasará a mí".

Cuando descuidamos nuestra comunión personal con el Señor, se abre la puerta para que entren influencias que procuran alejarnos de él. Cuando no estamos cerca de él, no oímos su voz con claridad. Nuestro corazón se enfría. Nuestras actitudes ya no son tan flexibles y tratables. No pensamos con claridad y con los pensamientos de Dios.

Nuestra visión se opaca. Perdemos el sentido de dirección y propósito. Nuestras labores ministeriales se vuelven mecánicas y rutinarias. La pasión espiritual se apaga. Y, ¿qué produce todo esto?

Nos convertimos en candidatos para una caída. Podemos preguntar: ¿"Cuál es primero? ¿Jugar con el fuego del pecado sexual produce alejamiento de Dios y falta de tiempo con él, o viceversa: la falta de comunión íntima con él produce enfriamiento espiritual que lleva al pecado? Los dos son ciertos. Cada uno engendra al otro. Pero la falta de comunión e intimidad con Dios es una señal que advierte de un peligro adelante.

La "aventura de revancha". Otra causa de aventuras es el deseo de "emparejar las cosas" cuando ha habido infidelidad de parte de uno de los cónyuges. El otro decide que la mejor forma de vengarse y castigar al otro es tener "su propia aventura", pagándole con la misma moneda. Más que arreglar algo, empeora y complica más la difícil situación que están viviendo. Desafortunadamente, esto sucede no sólo entre creyentes, sino también entre pastores y líderes.

El aliciente de la aventura. El espíritu de aventura que atraía a Colón hacia nuevos mundos, a descubrir y explorar nuevos territorios, el espíritu de reto posado en quienes han escalado el Monte Everest, a menudo opera en quienes se encuentran envueltos en una aventura amorosa. El incitativo retador de descubrir nuevos placeres, no obstante prohibidos, atrae al hombre hacia lo desconocido, incluso peligroso. El diablo les ofreció a Adán y Eva nuevas experiencias, nuevos conocimientos, nuevos poderes. Su promesa les hizo pensar que el riesgo era mínimo comparado con la recompensa. El problema es que todo es una mentira, y la "recompensa" se vuelve castigo, pérdida, y dolor.

El rol confundido de la esposa. En un caso de adulterio, el marido dio como causa de su relación ilícita con su amante lo siguiente: Su esposa asumía el rol de madre con él. El marido declaró: "Yo no quiero que mi esposa me trate como un niño que necesita el cuidado de su madre. Quiero que ella asuma el rol de mi amada, no de mi mamá". La dinámica que opera en este tipo de situación es: la mujer ha sido madre por muchos años; este rol la hace sentirse realizada y necesitada; luego los hijos maduran y se van del hogar; como ella no ha terminado de cumplir su rol de madre, que es lo que le da sentido a su vida, simplemente cambia el objeto de su amor y cuidado maternales. Ahora es el marido en vez de los hijos. El marido se cansa de ser tratado como niño o "hijo", y busca lo que realmente necesita, una mujer que lo ame como el varón que es.

Necesidades no suplidas. Vale la pena hacer énfasis nuevamente en el concepto de dos cosas necesarias para que una aventura nazca y se desarrolle: 1) *preparación*. La persona es "preparada", o acondicionada por una serie de circunstancias. Una de tales circunstancias es que sus necesidades emocionales, sexuales, etc., no están siendo suplidas.

Cuando esto ocurre, la persona se siente frustrada y se vuelve vulnerable, o "preparada" para una aventura. 2) *oportunidad*.

> Cuando la persona ha sido preparada, la oportunidad no faltará.

La segunda circunstancia es la "oportunidad", o sea, una situación o persona que ofrece o provee lo que la persona frustrada consciente o inconscientemente busca. Necesidades no suplidas son parte de la "preparación", y cuando la persona ha sido preparada, la oportunidad no faltará.

Sociedad y cultura saturadas de sexo. Cada día somos bombardeados con material seductor de sabor sexual en: carteleras en las calles y carreteras, televisión, periódico, revistas, cine, Internet, etc. Las normas de la sociedad son muy diferentes de las de La Biblia. En la sociedad es perfectamente "normal" que un varón tenga, además de su esposa, una o más "amantes". Las telenovelas presentan imágenes de hombres y mujeres practicando la infidelidad como cosa normal. Vivir las normas bíblicas en medio de una sociedad empapada de sexo es quizá tan difícil como para José vivir en Egipto en la casa de Potifar, o para Daniel en Babilonia. Pero, como estos varones nos enseñan, es posible vivir en santidad y fidelidad a Dios aun en medio de este ambiente. Lo triste es que los creyentes adoptamos estilos de vida que incluyen los valores de la sociedad en lugar de los de La Palabra de Dios.

Parte de la cultura permisible de este mundo es el tipo de consejería que se ofrece en algunos lugares. En vez de animar a una persona con matrimonio problemático a buscar soluciones con paciencia y determinación, más bien se le aconseja que se divorcie, como la mejor solución. Le dicen que merece ser feliz, y que no debe aguantar más a su cónyuge injusto. Y ¡esto sin haber hablado con el cónyuge!

Un conferencista cristiano cuenta de un encuentro con un amigo que tenía problemas en su matrimonio y estaba recibiendo consejería matrimonial. Cuando le preguntó a su amigo cómo iba su matrimonio, el varón respondió con palabras negativas hacia su esposa, y luego comentó: "Creo que ya no hay esperanza para nuestro matrimonio, pienso divorciarme de ella. No creo que sea la voluntad de Dios que yo sea tan infeliz".

La actitud de ese varón demuestra el espíritu de las sociedades y culturas de hoy en día: lo principal, lo que realmente importa en última instancia, es el *yo*, nuestra propia

> "¡Yo prefiero ir al infierno con esta mujer que al cielo con mi esposa"!

felicidad, a pesar del dolor que esto produzca en otros. Es la manifestación del egoísmo en extremo. Un líder dejó a su esposa y andaba con otra mujer. Comentó que Dios desea nuestra felicidad y que no estaba feliz con su esposa. Expresó estas palabras sorprendentes: "¡Yo prefiero ir al infierno con esta mujer que al cielo con mi esposa"! Para él, lo único que importa es su propia felicidad.

Dalila y Jezabel no están muertas

Hay una causa más que vale la pena mencionar al cerrar este capítulo: la presencia de mujeres seductoras que son canales de tentación para varones. Se presentan muchas veces en el lugar del trabajo, pero puede ocurrir en cualquier lugar, aun en la iglesia. Son mujeres quizá divorciadas o viudas, desesperadas por "tener un hombre", o simplemente personas que permiten que el espíritu de fornicación, adulterio, o lascivia, opere en ellas. Su manera de vestir y hablar, su conducta, las "movidas" sutiles, el coqueteo, etc., constituyen una trampa tendida para un varón. A veces los varones son bombardeados casi constantemente por este tipo de ofrecimiento. Un empresario nos expresó: "¿Qué puede hacer uno? Mujeres jóvenes y bonitas vienen a mi oficina en minifalda y me dicen: 'Quiero salir contigo'". Tuvimos el caso, en un país de América Latina, de una joven deseosa de casarse, que se ofreció para ser una conquista fácil de un joven que ella quería, y quedó embarazada. La trampa funcionó, porque el joven se casó con ella. Todas las Dalilas, Jezabeles, y esposas de Potifar, no han muerto. Algunas sobreviven y están activas en el siglo 21.

Hemos visto algunas de las posibles causas de una caída moral. Normalmente, una sola característica no es indicación de un problema, sino que varias causas se unen, como las corrientes de agua que convergen para formar un río. No debemos asumir que si una persona manifiesta una de estas características, automáticamente está en pecado. Simplemente son condiciones que pueden llevar a un problema, o provocar una caída, pero no necesariamente son evidencia de ello.

También hemos considerado algunas de las influencias que pueden causar una caída en el pecado sexual. En el próximo capítulo veremos algunas "señales" que nos pueden advertir de peligros potenciales en nuestro camino. Necesitamos estar conscientes de ellas y de cómo podemos responder adecuadamente ante lo que nos están tratando de decir.

Para reflexionar...

1. De las influencias que pueden contribuir a una caída moral, ¿encuentra usted una o más en su vida?

2. ¿Cuál es la condición actual de su matrimonio? ¿Existen factores que lo han debilitado, haciéndole candidato para una caída moral?

3. ¿Cómo está balanceando su presencia y ausencia en el hogar? (las presiones del trabajo con la necesidad de pasar tiempo de calidad con su cónyuge)

4. ¿Cómo está su relación personal con Dios? ¿La descuida o pasa tiempo en comunión con él para mantener fuerte su vida espiritual?

5. ¿Qué es lo que "prepara" a una persona para su caída? Y, ¿cuáles son algunos ejemplos de la "oportunidad" que se presenta? (página 47)

Notas

[1] London, H.B. Jr., y Wiseman, Neil B., *Pastors at Greater Risk* (*Pastores en peligro*) Regal Books, 2003, p.86. Información tomada originalmente de una encuesta de pastores, de Enfoque a la familia.

[2] *Ibíd*, p. 20

[3] *Ibíd*, p. 264

[4] *Ibíd*, p. 86

[5] *Ibíd*, p. 172

[6] *Ibíd*, p. 20

[7] Rainey, Dennis. Entrevista en casete con Tom Eisenman, un recurso producido por Family Life Today, Little Rock, Arkansas

Señales de alerta

Prestar atención puede salvar la vida

"El avisado ve el mal y se esconde; mas los simples pasan y reciben el daño"

"El prudente ve el peligro y lo evita; el inexperto sigue adelante y sufre las consecuencias" Proverbios 22:3 (NVI)

Hace algunos años mi esposa Anita y yo estábamos viajando por una carretera en nuestro coche. De repente un hombre con una señal de alto en la mano apareció y nos detuvo. Nos dijo que un puente se había caído más adelante. También nos contó que el día anterior un conductor no hizo caso de las señales y siguió adelante. Su vehículo se precipitó en el lugar del puente caído, matando a dos personas. Dimos gracias a Dios por el hombre y su señal.

> El hombre sabio, el "avisado", reconoce los peligros...y las situaciones a evitar.

Las palabras sabias de Salomón (Proverbios 22:3) describen el contraste entre una persona que hace caso omiso de las señales de advertencia que Dios pone en nuestro camino, y la persona que las atiende:

- El que atiende las señales es "avisado" y es "prudente". El que no lo hace es "simple" o "inexperto".

- El avisado "ve", tiene los ojos abiertos, pendientes de un posible peligro. Es una persona que discierne, piensa y está alerta. No tiene la cabeza en las nubes, soñando en una burbuja de fantasías. Tiene los pies en la tierra. Es sobria y vigilante.

- El hombre sabio, el "avisado", reconoce los peligros en la vida, y las situaciones a evitar. Lo que ve es "el mal", o "el peligro". También sabe que hay tentaciones que resistir y sabiduría que buscar y recibir.

- El avisado o prudente, ante el peligro: "se esconde", y "lo evita". Esconderse es buscar un refugio, un lugar de seguridad, y una actitud de obediencia. Evitar es eludir, evadir, esquivar, prevenir, abstenerse de. Es lo que uno hace cuando de repente se encuentra frente a un oso en el bosque. Sólo un necio o un loco sigue adelante. ¡El prudente busca un lugar más seguro!

- Lo que hacen los simples o el inexperto: "pasar" (adelante), y "sigue adelante". No le hace caso a la señal de advertencia, ni al peligro. Su "seguir adelante" se basa en creencias falsas, mentiras y mitos, los cuales le dicen que, aunque otros han caído, él no. Otros han sufrido, pero él no. Camina confiado en su mundo imaginario de "no va a pasar nada", y en una burbuja que nunca se va a reventar.

➢ Los simples o inexpertos sufren las consecuencias. "Recibe el daño", y "sufre las consecuencias". Otro proverbio dice: *"Hay camino que al hombre le parece derecho; pero su fin es camino de muerte"* (14:12). Hay "daño" y hay "consecuencias", dice Salomón, para los simples y los inexpertos. Podemos escoger la vida por medio de la obediencia, o bien escoger la muerte, que es la recompensa o paga de la desobediencia.

SEÑALES DE ALERTA

En esta sección hablaremos desde el punto de vista del hombre, aunque las mujeres también experimentan tentaciones sexuales y caídas, y cada señal podría aplicarse a cualquiera de los dos sexos. Sin embargo, la infidelidad es más común entre hombres que entre mujeres.

Si vemos una o más de estas señales en nuestra vida o situación, debemos ponernos alertas. Son señales que no sólo uno mismo debería atender, sino también el cónyuge, los amigos, los hermanos en la fe y, en algunos casos, los hijos, los cuales podrán amonestar a la persona tentada a no extraviarse. Si estas personas están alertas, podrán ser como el hombre que advirtió del puente caído.

- **La "otra mujer" tiene problemas en su matrimonio.** Un pastor o líder que aconseja a mujeres con problemas en su matrimonio debe poner especial atención, pues esta área es potencialmente un campo minado.

La mujer, en este caso, probablemente tenga necesidades que su marido no está supliendo, como la falta de amor, cariño, caricias, etc. En estos casos ella puede ser vulnerable a las atenciones que le preste un hombre (un pastor, un consejero, un amigo, etc.), que la trate con bondad y consideración, y le dé el respeto que se merece.

> La mujer empieza a creer que el consejero—y no sus consejos—es la solución de su problema.

La carencia de amor y cariño que experimente en su matrimonio la hace susceptible de malinterpretar las atenciones del consejero. En muchos casos de consejería, la mujer empieza a creer que el consejero—y no sus consejos—es la solución de su problema.

- **Su propio matrimonio tiene problemas.** Los problemas pueden ser en la comunicación, dificultades en la vida íntima, falta de tiempo, falta de confianza o comprensión, distanciamiento, discusiones fuertes, etc. Esta situación es el opuesto del punto anterior. Ahora es el pastor o líder quien tiene el vacío en su vida y necesita que alguien lo llene.

Cuando tanto el consejero como la mujer tienen ese vacío, el asunto se convierte en un campo doblemente minado. Cada uno es vulnerable porque "comprende" al otro, comparten su sufrimiento, tienen las mismas necesidades o similares y, en vez de dar o recibir consejos, comienzan a tratar de suplir sus necesidades mutuamente. En otro capítulo ofreceremos algunos consejos de cómo evitar este tipo de situaciones en la consejería.

- **La "otra mujer" llena necesidades en su vida que la cónyuge no suple.** Esto es similar al punto anterior, pero puede ocurrir en cualquier tipo de situación o ambiente. Y cuando sucede, dentro o fuera del área de consejería, es una señal de alerta que merece atención especial.

Características de la señal: Usted se siente contento, alegre y complacido cuando está con la persona. Sus palabras lo inspiran y levantan su espíritu. Usted siente una nueva energía y motivación. La compañía de ella le agrada y lo llena de gozo. La necesidad de cariño, respeto, atención especial e intimidad la suple ella. Usted se siente realizado y feliz por primera vez en mucho tiempo. Todo esto es señal de que sus pensamientos y emociones están fuera de control y en un camino equivocado.

- **La otra mujer busca estar cerca de usted.** Ella inventa excusas, pretextos, ocasiones, etc., para que usted y ella estén juntos. Esto ocurre en diferentes momentos, lugares y ocasiones, en público o en secreto, en la iglesia o fuera de ella. Si ella tiene algún ministerio en la iglesia, especialmente si trabaja tiempo completo en ella como secretaria, etc., la situación es todavía más riesgosa porque las oportunidades de estar juntos abundan.

* **Usted piensa mucho en la otra mujer y siente deseos de estar con ella.** Nace un deseo ardiente en su corazón de estar en presencia de ella, de platicar con ella, de tocarla. Ella llena sus pensamientos. Muchas veces esto se convierte en una obsesión.

> Ella llena sus pensamientos. Muchas veces esto se convierte en una obsesión.

* **Usted empieza a justificar y excusar sus sentimientos, acciones, pensamientos, y actitudes.** En este tipo de situación uno piensa, siente, y hace cosas indebidas. ¿Qué hace uno con estos pensamientos, emociones y acciones que no caben en su sistema de valores? Sólo tiene dos alternativas: 1) La primera es: detenerlos, cortarlos, tomarlos cautivos, y echarlos fuera. "Destruimos argumentos y toda altivez que se levanta contra el conocimiento (Palabra) de Dios, y llevamos cautivo todo pensamiento para que se someta a Cristo" (2 Cor. 10:5 NVI). 2) la segunda opción es justificar, o racionalizar los pensamientos y las acciones. Cuando la persona no está lista para reconocer y arrepentirse de sus acciones, elige esta alternativa.

* **Usted empieza a mentir, engañar, y encubrir.** Vive una vida doble. David intentó encubrir su pecado de adulterio con otro: el asesinato. La astucia y el engaño forman parte del estilo de vida diseñado para ocultar la conducta y evitar que se descubra.

- **Advertencias de la esposa**. Cuando la cónyuge se da cuenta que existe un problema o lo sospecha, es porque su "radar" espiritual y emocional detecta señales de peligro. Esto es algo que Dios puso en la mujer para la protección de su matrimonio. En este caso es normal que la mujer exprese sus inquietudes. También es normal que el marido lo niegue y acuse a su esposa de "celosa". De la misma forma que una esposa previene a su marido de peligro cuando observa una señal en la carretera, ella le avisa que existe un peligro espiritual y moral. Las inquietudes de ella son la señal que el marido descarriado debe tomar en cuenta. Dios puede usar las inquietudes de su esposa para hablarle a su corazón.

- **Advertencias de otros**. En ocasiones Dios nos habla por medio de algún amigo o hermano en la fe que nos ofrece un consejo oportuno. Esa palabra de consejo constituye la señal que nos puede salvar de una tragedia si le hacemos caso. Quizá podamos ocultar el secreto por un tiempo, pero tarde o temprano la gente cercana a nosotros empieza a notar que algo en nuestra vida no está bien. Su preocupación es una señal que nos dice: Despacio, Curva Peligrosa Adelante.

- **Advertencias directas de Dios**. Uno siente un "freno" del Espíritu Santo adentro, en su propio espíritu. La conciencia avisa que algo está mal. Cuando leemos La Biblia, Dios nos habla, especialmente al leer pasajes como Proverbios capítulos 5, 6, y 7, 1 Tesalonicenses 4:2–8, 1 Corintios capítulo 6, 1 Timoteo 4:12, 5:22b,

2 Timoteo 2:22, Hebreos 13:4 y otros. La Palabra de Dios tiene un efecto limpiador en nuestras almas al advertir, alumbrar, purificar, y animarnos (Salmo 119:130, Jeremías 15:16, Juan 15:3). Sabio es el hombre que oye y atiende la voz de Dios.

Dios habló una palabra a su pueblo Israel, mostrando su profundo deseo de que oyeran su voz: "Yo soy Jehová Dios tuyo, que te enseña provechosamente, que te encamina por el camino que debes seguir. ¡Oh, si hubieras atendido a mis mandamientos! Fuera entonces tu paz como un río, y tu justicia como las ondas del mar" (Isaías 48:17b–18). Obediencia a la voz del Señor trae paz, justicia, y bendición. La desobediencia trae remordimiento, dolor y pérdida.

¿POR QUÉ NO ATENDEMOS LAS SEÑALES?

¿Por qué, a pesar de ver las señales y tener los ojos bien abiertos seguimos adelante para caer en la trampa? Creo que hay varias razones por las cuales los seres humanos no hacemos caso de las señales de alerta. A continuación damos algunas.

- Creemos que "esto nunca va a pasar conmigo". Negamos que haya un problema. Pensamos "no caeré, otros pueden caer, pero yo no". Y, aunque nos pasemos un poco de la raya, aun así mantendremos la situación bajo control y no pasará

> Creemos que las señales de peligro fueron puestas para otras personas.

nada. Casi todos los que experimentan una caída moral piensan así. Pedro sirve de ejemplo: "Señor, yo nunca te negaré. Otros pueden quizás, ¡pero yo no!" Creemos que las señales de peligro en las carreteras fueron puestas para otras personas.

• Creemos que la alarma de las señales es exagerada, que realmente no es para tanto. Las señales son para gente que no puede manejar con tanta destreza como nosotros. Nuestra gran habilidad nos permite hacer maniobras que serían peligrosas para otros conductores. Podemos seguir con exceso de velocidad en las curvas sin ningún peligro. Esto pensaba cada conductor donde hay cruces al lado de las carreteras. Y esto piensa cada creyente, líder, o pastor, que acelera hacia una desgracia en su vida moral.

• La inmadurez espiritual y emocional. Los niños y jovencitos rara vez reconocen el peligro de las drogas, el licor, la inmoralidad, manejar sin licencia, etc. Dios nos da padres o guardianes que nos cuidan en nuestra inmadurez, hasta que maduramos y tenemos la capacidad de tomar decisiones prudentes y sensatas.

El problema surge cuando un hombre tiene la mente de un muchacho de trece años en un cuerpo de 40. La mente inmadura permite acciones insensatas en su cuerpo maduro. En momentos de tentación la mente pierde su capacidad de razonar. Un comediante comentó que Dios le dio al hombre un cerebro y un órgano masculino, ¡pero no suficiente sangre para que los dos funcionen a la vez!

• Nos engañamos haciéndonos creer que es "necesario"

hacer las maniobras arriesgadas, a pesar de la presencia de cierto peligro o posibles consecuencias. Nos convencemos que, después de todo, "yo merezco este placer, lo necesito. Mi esposa no me comprende, me ha hecho muy difícil la vida, y las circunstancias exigen este 'cambio de escena'. Me hace falta respirar el aire fresco de otra atmósfera". Proseguimos con la misma urgencia de un varón que lleva a su mujer al hospital para dar a luz, ignorando todas las señales de advertencia y echando al viento la precaución. La "necesidad lo justifica", pensamos. Jeremías describe este engaño al decir: "Engañoso es el corazón más que todas las cosas, y perverso; ¿quién lo conocerá?" (17:9)

- Poseemos una sobredosis de confianza en nuestra habilidad para arreglar cualquier problema que surja en la vida. Creemos que, aunque ocurra un problema, podemos arreglarlo fácilmente. Esto nace del orgullo del corazón humano. Jeremías nos amonesta respecto a este sentir: "Maldito el varón que confía en el hombre y pone carne por su brazo, y su corazón se aparte de Jehová" (Jer. 17:5).

> Creemos que, aunque ocurra un problema, podemos arreglarlo fácilmente.

Luego nos dice cuál será el resultado de confiar en su propio "brazo" (fuerza): "Será como la retama en el desierto, y no verá cuando viene el bien, sino que morará en los sequedales en el desierto, en tierra despoblada y deshabitada" (Jeremías 17:6). Muchos siervos de Dios moran en "los sequedales en el desierto", en las ruinas de un ministerio próspero y un matrimonio que antes gozaba del amor y de la bendición del Señor.

* Por la euforia que uno vive durante su aventura, se vuelve ciego a las advertencias. O simplemente no las ve o no les hace caso. O quizás uno se engaña pensando: "después de esta vez voy a cambiar", aunque sabe que difícilmente lo hará. La razón: la alegría, el gozo, el placer y la felicidad que recibe de sus acciones valen más que su deseo de cambiar. A esta altura, las ventajas pesan más que los inconvenientes.

Cualquiera que sea la razón de mostrar indiferencia hacia las señales, es un acto riesgoso que lo expone al peligro y traerá graves consecuencias a la vida y al ministerio de un siervo de Dios.

EL ATAQUE CONTRA PEARL HARBOR: EL PRECIO DE LA FALTA DE VIGILANCIA

Era un domingo, 7 de Diciembre de 1941, una mañana tranquila en una época de paz, en las islas de Hawai en la base naval de Estado Unidos que se llamaba Pearl Harbor. Todo el personal y sus familias hacían sus actividades normales. Los operadores de radar detectaron señas sospechosas en la pantalla, pero no les dieron importancia, pues todo estaba "normal y tranquilo". Seguían con sus actividades normales de comer, platicar, etc. Unas horas después, a las 7:55 AM, llegó ola tras ola de casi doscientos aviones japoneses que atacaron con bombas a la base militar, dejando gran cantidad de aviones y barcos de guerra destruidos, y a unas 2,300 personas muertas.

> La negligencia
> puede llevarnos a
> pagar un precio alto.

La base naval, con todo su personal, estaba en un estado de imprevisión total. La razón: los operadores de radar recibieron señales de alerta, detectaron aviones en su radar, pero no les hicieron caso. Centenares de vidas se habrían salvado por el simple acto de prestar atención a las advertencias de peligro.

La amenaza no era imprevisible. Las señales estaban presentes y patentes. Simplemente fue la falta de vigilancia, lo que causó la tragedia. La negligencia puede llevarnos a pagar un precio alto.

Centenares, quizá miles de ministerios, iglesias y matrimonios se habrían salvado si los siervos de Dios hubieran sabido prestar atención a las señales que eran patentes, visibles, indudables y claras. Para muchos de ellos es tarde. Pero para miles más que en este mismo momento están sintiendo el imán de una tentación, la "atracción fatal" de una aventura o acto inmoral, no es tarde. Dios les está dando tiempo para reflexionar, arrepentirse, y volver a un camino de sensatez moral.

Después de su caída el hijo pródigo reflexionó sobre su mal camino. Fue liberado de su demencia moral cuando dio unos pasos que presentan un modelo también para nosotros: 1) Se despertó de su locura: *"Y volviendo en sí"*....; 2) Se propuso tomar la acción necesaria: *"Me levantaré e iré a mi padre"*...; 3) Llevó a cabo su propósito y en efecto ejecutó la acción, abandonando su mal camino y volviendo a casa: *"Y levantándose, vino a su padre"*; 4) Pidió perdón y aceptó el perdón de su padre: *"Padre, he pecado contra el cielo y contra ti"*; 5) Vivió bajo la cobertura y bendición de su padre: *"Este mi hijo muerto era, y ha revivido; se había perdido, y es hallado. Y comenzaron a regocijarse"*. Si hoy usted se encuentra entre esas personas que están siendo atraídas hacia un abismo de tentación y pecado, le animo a dar estos mismos pasos y volver al Padre, donde su amor y perdón lo esperan (véase Lucas 15:17–24).

Para reflexionar...

1. ¿Mira usted las señales que Dios pone en nuestro camino como una bendición, o una molestia? ¿Por qué?

2. ¿Cuál es el propósito de Dios en poner las señales de advertencia?

3. ¿Cuál debe ser la actitud de un creyente o de un siervo de Dios al observar las señales?

4. ¿De qué manera estar alertas y preparados (antes de una tentación) nos ayuda a vencerla cuando se presenta?

Mitos y mentiras que creemos

Creer algo no lo hace la verdad

"No os engañéis... Gálatas 6:7–8

...vuestro padre el diablo... no ha permanecido en la verdad, porque no hay verdad en él. Cuando habla mentira, de suyo habla; porque es mentiroso, y padre de mentira.
Juan 8:44 RV

"...el diablo... no se mantiene en la verdad, porque no hay verdad en él. Cuando miente, expresa su propia naturaleza, porque es un mentiroso. ¡Es el padre de la mentira!
Juan 8:44 NVI

El diccionario define mito como una narración fantástica, situada fuera del tiempo histórico y protagonizada por personajes de carácter divino o heroico, o como una historia ficticia o verdad a medias, algo imaginario. Es algo que una persona cree pero que no es la verdad, es una invención. Estamos creyendo un mito cuando nos convencemos que cosas que no son ciertas son la verdad.

Satanás, el engañador y mentiroso

Jesús reveló que Satanás, nuestro gran enemigo, no sólo es mentiroso, sino también "padre de mentira" (Juan 8:44). Uno de los significados de "padre" es fuente, o progenitor, el que engendra. La mentira y el engaño nacieron en el corazón de nuestro adversario, el diablo (véanse 1 Pedro 5:8 y Apoc. 12:9).

En su rebelión contra Dios (Isa. 14:12–15; Ezeq. 28) engañó a muchos ángeles, logrando que un tercio de ellos le siguiera en su rebeldía (Apoc. 12:4). Seguramente les prometió gran autoridad y control, junto con él, del universo. Después se propuso engañar y destruir la obra maestra de la creación de Dios: el hombre.

> Satanás logró engañar a Eva con la mentira que no era necesario obedecer a Dios

En el Huerto del Edén Satanás logró engañar a Eva con la mentira que no era necesario obedecer a Dios, que Dios tenía motivos egoístas al prohibirles acceso al árbol de la ciencia del bien y del mal, y que no morirían. El acto de desobedecer a Dios llevó al hombre a la ruina espiritual y a alejarse de Dios. Sólo en la redención que Cristo vino a efectuar en la cruz se restaura esta ruina.

Nuestro enemigo y adversario no ha dejado de mentir y engañar a la humanidad. Se ha dicho que el diablo tiene dos propósitos: 1) evitar, si es posible, que una persona se convierta a Cristo, y 2) evitar a toda costa que un creyente viva una vida cristiana victoriosa. Estos propósitos los intenta llevar a cabo con toda fidelidad y empeño. Sus armas y herramientas son la astucia, el engaño, y la mentira. Hace uso de maquinaciones, artimañas, y asechanzas (2 Cor. 2:11; Efe. 4:14; 6:11).

Uno de sus trucos más efectivos es el del pecado sexual. Él oculta las consecuencias, ofreciendo y vendiendo los placeres y "beneficios" de seguir su plan, en vez del plan de Dios. Es la maquinación que intentó usar con Jesús, pero sin éxito (Mat. 4:1–11). Se disfraza cada vez que presenta una de sus "ofertas", las cuales son sólo cebos para atrapar. Puesto que las aventuras sexuales están basadas en lo falso, veamos, entonces, algunas mentiras y mitos que el diablo intenta "vendernos" en torno al aliciente de la inmoralidad.

Cómo funciona el proceso de creer una mentira

El enemigo, Satanás, usa la sutil artimaña de hacernos pensar de manera circular para que lleguemos a conclusiones falsas. Por ejemplo, en su forma más sencilla, el proceso funciona así: Los elefantes son feos, usted es feo, así que usted es elefante. Esta forma de pensar empieza con una verdad, pero termina con una conclusión falsa. Cuando deseamos justificar una decisión o acción podemos pensar, como lo hizo un señor que deseaba justificar separarse de su esposa: 1) Dios no quiere que seamos miserables (es verdad). 2) Cuando mi esposa y yo estamos juntos, somos miserables (también esto puede ser cierto). 3) Conclusión: Dios no quiere que estemos juntos. Es una conclusión falsa. Debemos guardar nuestro corazón de esta manera engañosa de razonar, porque da lugar a que el enemigo siembre pensamientos que lleven a conclusiones falsas, las cuales provocan decisiones equivocadas y desastrosas.

Ejemplos de mentiras y mitos que se creen

• **"El placer sexual es mejor en una aventura".** Uno de los mitos que el engañado cree es que la intimidad sexual con "la otra mujer" será mucho mejor que la que tiene en su matrimonio. El Dr. Frank Pittman, mencionado antes, afirma que, aunque se supone que las aventuras siempre giran alrededor de una experiencia sexual espectacular, la realidad es que muchos maridos caídos reconocen que el sexo era mejor en casa.[1]

> Muchos maridos caídos reconocen que el sexo era mejor en casa.

El líder y autor cristiano, Tim Lahaye, comenta que después de ser acosado por una mujer que se le ofreció, que realmente no fue una tentación seria para él. La razón: dijo que un hombre felizmente casado nunca cambiaría un Mercedes Benz en el garaje por un Volkswagen de la calle.[2]

• **"La aventura ayudará".** Otro mito es que "una aventura ayudará a nuestro matrimonio y solucionará nuestros problemas". Pensamos que simplemente necesitamos un cambio y después volveremos al matrimonio con la mente despejada, sin el estrés ni las angustias emocionales que sufríamos antes. Algunos piensan que con la aventura sus necesidades sexuales serán suplidas y eso evitará un divorcio, lo cual "beneficiará a los hijos". Este es un ejemplo más de las mentiras que el enemigo nos cuenta. La verdad es que una aventura empeora nuestros problemas y situaciones. No ayuda ni resuelve nada. Si la situación de antes era un viento, el fruto de la aventura será un torbellino. La "ayuda" viene cuando reconocemos que estamos en un camino equivocado, y nos arrepentimos a tiempo.

- **"Lo tengo bajo control".** Muchos creen que todo lo tienen bajo control y que podrán parar la relación ilícita cuando quieran. Olvidamos que se trata de una esclavitud, con emociones confundidas, entrelazadas, y hasta encadenadas. Se ha formado un vínculo o ligadura de almas. Y aunque uno esté dispuesto a romper con la relación, quizá la otra persona no lo acepte. En algunos casos hay amenazas, acusaciones, o hasta chantaje si la relación no continúa. La esposa de Potifar, que parecía estar apasionadamente enamorada de José, al ser rechazada por él se volvió su enemiga, y como venganza provocó su encarcelamiento. En otros casos uno simplemente no encuentra la fuerza de voluntad y propósito para terminar la relación.

¿Cuál es, entonces, la solución? Sólo el poder del Espíritu Santo puede romper las cadenas y dar la fuerza necesaria para poner fin a lo que amenaza con destruir nuestra vida, nuestro ministerio,

> Una mentira que creemos...es que nuestro pecado "no hará daño a nadie".

nuestro matrimonio y familia. Sólo confiando en Dios y su Palabra obtendremos la fuerza para renunciar al camino equivocado por donde vamos y volver a una vida de obediencia y pureza moral.

- **"Mi pecado no dañará a nadie"**. Una mentira que creemos con demasiada frecuencia es que nuestro pecado "no hará daño a nadie". Ya hemos visto ejemplos del perjuicio devastador que produce el pecado sexual. Quien diga que no dañará a nadie se engaña a sí mismo. Este pretexto es sólo para encubrir lo que uno sabe perfectamente que no corresponde a la verdad. Quienes pueden salir heridos como fruto de nuestras indiscreciones son: el cónyuge, los hijos, los colaboradores, nuestros seguidores, etc. También hemos visto cómo nuestra desobediencia puede herir el corazón de nuestro Padre Celestial. No sólo causamos daños a estas personas, sino que también pecamos contra ellos. Y recuerde, nos dañamos a nosotros mismos porque pecamos contra nosotros mismos: "...el que fornica, contra su propio cuerpo peca" (1 Cor. 6:18).

- **"Nadie sabrá; mi aventura no será descubierta"**. Como vimos en el capítulo uno, La Palabra de Dios nos asegura que nuestro pecado nos alcanzará (Núm. 32:23) y que todo lo que sembremos eso mismo segaremos (Gál. 6:7–8). La ilusión de que "nadie sabrá" se vuelve desengaño cuando tarde o temprano nuestro secreto se descubre.

Casi todos los que participan en una aventura creen esta mentira. Un amigo que era pastor, y su amante, escondían bien sus contactos hasta el día en que alguien los vio besándose entre los estantes de libros en la biblioteca pública de su ciudad. El rey David creía que se había salido con la suya, que Dios había olvidado el asunto, y no habría consecuencias de sus actos. Pero ya sea que viene por un profeta o por un desliz, es sólo cuestión de tiempo para que nuestros actos se descubran. *"Y no hay cosa creada que no sea manifiesta en su presencia; antes bien todas las cosas están desnudas y abiertas a los ojos de aquel a quien tenemos que dar cuenta"* (Heb. 4:13).

- **"Dios está bendiciendo mi ministerio, hay mucho fruto. Esto es evidencia de que Dios aprueba mi conducta".** Ya mencionamos esto antes, pero vale la pena acentuarlo aquí, porque representa un engaño notable. Dios bendice a su pueblo porque lo ama, no porque apruebe la conducta pecaminosa de sus líderes. La persona que toma la bendición de Dios sobre su ministerio como una señal de la aprobación de Dios se engaña a sí misma. Dios, en su misericordia y amor por la gente, manda bendición y fruto aun cuando sus siervos no vivan una vida de obediencia. Pero repito la exhortación: no hemos de tomar su bendición como una señal de su aprobación de nuestro pecado.

- **"Dios es un Dios de amor, y si hay castigo por mi pecado, no será muy severo. Dios comprende mi situación y su gracia me cubrirá".** Todos han oído el chiste del hombre que, tentado, oró, "Señor, perdóname por el pecado que estoy por cometer". La epístola de San Judas, en el versículo cuatro, dice: "...

hombres impíos, que convierten en libertinaje la gracia de nuestro Dios...".

> Convertir en libertinaje la gracia de Dios significa tomarla como una licencia para pecar.

Convertir en libertinaje la gracia de Dios significa tomarla como una licencia para pecar. Esta actitud dice: "Yo puedo pecar, y no sufriré mayores consecuencias porque Dios es un Dios de amor, y su gracia me garantiza el perdón después". Dios sí es un Dios de gran amor, gracia y misericordia, pero también es un Dios de justicia que castiga el pecado.

- **"La pureza moral es imposible"**. Algunos luchan por un tiempo para lograr la pureza sexual, fracasan varias veces, y luego se dan por vencidos. Piensan que es una meta imposible de alcanzar, que nadie puede realmente vivir así, y que no vale la pena seguir intentando. Esto también es una mentira porque Dios no nos manda hacer algo que resulte imposible. Él ha prometido darnos poder para resistir la tentación, y que ninguna tentación o prueba será mayor de lo que podamos vencer en su fuerza.

- **"Si usted fuera buen cristiano, no sería tentado por el pecado sexual"** Esta mentira intenta traer sobre nosotros una nube de culpa y depresión por ser un "fracasado" en esta área de la vida. Como seres humanos, y como varones especialmente, la tentación sexual no es algo fuera de lo normal. Cómo enfrentemos y manejemos la tentación es lo que traerá la victoria o la derrota a nuestra vida.

- **"Me casé con la persona equivocada".** Cuando hay dificultades, presiones, y conflictos en el matrimonio, o cuando estamos aburridos de nuestro cónyuge, es fácil creer esta falsedad. Es otra mentira que intenta justificar y provocar decisiones desastrosas.

La Biblia habla del espíritu de verdad (el Espíritu Santo, Juan 15:26) y el espíritu del error (1 Juan 4:6). Es igual a los "espíritus engañadores" que menciona Pablo en 1 Timoteo 4:1. Seguir y obedecer al Espíritu de verdad lleva a una vida de pureza moral y santidad. Seguir y obedecer al espíritu de error lleva a una vida de lujuria y caída.

No podemos seguir a los dos a la vez. No podemos caminar en dos caminos simultáneamente. Si el destino que deseamos es una vida pura que agrada y glorifica a Dios, tenemos que elegir el camino que nos llevará a ese destino. Caminar en obediencia nos conducirá a la solución del problema del pecado sexual. Rechazar la mentira y abrazar la verdad es el camino a la victoria y la pureza moral.

Para reflexionar

1. ¿Ha creído usted una mentira de este tipo alguna vez? ¿Cuál?

2. ¿Qué piensa de la declaración: "Una aventura ayudará mi matrimonio?

3. ¿Cree usted que es cierto que nuestro pecado, si lo manejamos sabiamente, no hará daño a nadie? ¿Por qué cree así?

Notas

[1] Pittman, Dr. Frank, *Private Lies* (*Mentiras privadas*). Citado en la obra *Sex, a Man's Guide* (*El sexo, una guía para el varón*), por Stefan Bechtel y Laurence Roy Stains, Emmaus, Pennsylvania, Rodale Press, Inc., p. 429.

[2] Lahaye, Tim, *The Act of Marriage After 40* (*El acto del matrimonio después de los 40*). Grand Rapids, Michigan, Zondervan Publishing House, p. 163

8

Lo que toda esposa debe saber

Entendiendo necesidades masculinas

"La mujer virtuosa es corona de su marido…"
Proverbios 12:4

"La casa y el dinero se heredan de los padres, pero la esposa inteligente es un don del Señor" Prov. 19:14 NVI

"Mujer virtuosa, ¿quién la hallará? Su valor sobrepasa al de las piedras preciosas" Prov. 31:10

Estoy convencido de que, como defensa contra el pecado sexual, la esposa es clave. Ella, más que nadie, puede ayudar a su marido a evitar la desgracia de una caída moral. Dios ha puesto en su corazón y mente la inteligencia, y en sus manos el poder para cambiar el rumbo de un marido descarriado o tentado a extraviarse. A veces se habla de "la parte culpable" y "la parte inocente" cuando hay infidelidad. Pero aunque la "parte inocente" no haya pecado o cometido adulterio, en muchos casos—consciente o inconscientemente—contribuyó a situaciones que se convirtieron en influencias que afectaron decisiones y acciones de "el culpable".

> Una esposa prudente es de ayuda incalculable para su marido.

Esto debe ser sobreentendido pero a veces es malentendido. Muchas veces la decisión del marido descarriado, de ceder a una tentación y rebasar la línea, es una reacción a situaciones que se viven en el matrimonio. Una esposa prudente es de ayuda incalculable para su marido, previendo y previniendo situaciones con el potencial de dañar su relación y empujar al marido hacia el abismo del pecado sexual.

Esto de ninguna manera disculpa o justifica una acción pecaminosa de un esposo, ni es un intento de culpar a la esposa. Es simplemente la intención de identificar y corregir influencias que pueden tener un efecto negativo en su relación. Por su parte, una esposa puede decir: "¡Un momento; yo no soy la que pecó; yo también tengo necesidades; él tiene sus defectos!" Correcto. Estamos totalmente de acuerdo. Pero en este capítulo estamos enfocados en la esposa y lo que puede hacer para sanar y ayudar en situaciones lamentables, presentes en muchos matrimonios. Pedimos su comprensión y paciencia mientras compartimos algunas maneras en que puede ayudar a su marido a superar y vivir en victoria sobre las tentaciones que acechan a todo varón.

En este capítulo, entonces, ofreceremos algunos

consejos prácticos que pueden ser de ayuda para la cónyuge de un esposo que enfrenta la tentación de descarriarse. Y aunque no tenga problemas de esta naturaleza en su matrimonio ahora, los consejos pueden servir de medicina preventiva para proteger su matrimonio de la infidelidad en el futuro. Como esposa puede guardar *"todas estas cosas, meditándolas en su corazón"*, como María (Luc. 2:19). Aprenderá conceptos valiosos que podrán proteger su matrimonio y ayudar a su esposo a conservar la pureza moral.

CONSEJOS OPORTUNOS PARA LA ESPOSA

Esté dispuesta a cambiar. Todos llegamos a nuestros matrimonios después de haber sido moldeados por ideas, actitudes y costumbres aprendidas en la familia con la cual nos criamos. Esas ideas y actitudes son parte de nuestra mentalidad y forma de vida. El problema es que muchas cosas que aprendimos no son correctas o saludables, sino errores que cometieron nuestros padres. Por ejemplo, una hija puede asimilar las ideas de su madre acerca de la relación íntima con su esposo. Esa asimilación puede ser saludable o dañina. La hija puede llegar a creer que la relación sexual en el matrimonio es algo desagradable, fastidioso, y molesto, un mal necesario que hay que tolerar. Cuando el marido detecta esta actitud en su esposa, esto puede apagar o por lo menos disminuir su deseo de intimidad con ella. Luego, si él no está satisfecho sexualmente, puede estar menos preparado para resistir una tentación. Mencionamos antes que casi la mitad de los pastores dijeron no estar satisfechos ni contentos con la vida íntima en sus matrimonios.

La esposa sabia estará dispuesta a cambiar ésta y otras actitudes a fin de agradar a su esposo y avivar la intimidad física en su relación matrimonial. Llegará a reconocer que el diseño de Dios para el matrimonio es que la relación íntima sea un gozo y un deleite para los dos. Si tiende a criticar a su marido o si tiene otros hábitos o costumbres que molestan al marido y apagan el amor, debe estar dispuesta a cambiar. La flexibilidad y disposición a cambiar puede ser un bálsamo que sanará esta área de su matrimonio. La intransigencia, en cambio, puede producir estancamiento y aumentar el aburrimiento.

> Tener confianza en el cónyuge es noble; no ejercer cautela y discernimiento no lo es.

No sea incauta. ¿Por qué muchas esposas se destrozan al darse cuenta de la aventura en la que su esposo ha estado envuelto? Porque pensaban: "Esto jamás podrá suceder en nuestro matrimonio". Hay una línea fina entre la confianza en el cónyuge (saludable) y la ingenuidad (no saludable). Tener confianza en el cónyuge es noble; no ejercer cautela y discernimiento no lo es.

Tampoco una esposa debe ser excesivamente celosa o dada a sospechar de todo. Encontrar un balance entre los dos extremos no es fácil. Sin embargo, el camino más sabio es confiar en el cónyuge (si no hay razones de desconfiar), siempre con discernimiento. Esa sería la actitud de una esposa prudente. Recuerde algo que dijimos al principio de este libro: Nadie está exento de la posibilidad de ser tentado en esta área— ¡absolutamente nadie! Reconocer esto nos puede ayudar a dar los pasos necesarios para procurar edificar nuestro matrimonio "a prueba de aventuras".

CONOZCA LAS NECESIDADES DE SU CÓNYUGE Y PROCURE SUPLIRLAS

- *Necesidad masculina de expresión sexual*

Hace algunos años la esposa de un amigo nuestro dijo algo gracioso, pero a la vez fue una verdad importante: "Yo alimento bien mi perrito para que no ande comiendo de los basureros de la calle". Por su puesto, quiso decir que se esforzaba por suplir adecuadamente las necesidades sexuales de su esposo, para que no tuviera la tentación de llenar sus necesidades con otras mujeres. Era una mujer sabia, porque en vez de ser ingenua y pensar: "jamás mi marido pensaría en esa posibilidad", reconocía que su esposo está hecho de carne y sangre, con deseos y necesidades sexuales que debían ser suplidos. Lo mismo es cierto cuando se trata de la esposa. Pablo habla de los dos en este pasaje (1 Cor. 7): *"El marido cumpla con la mujer el deber conyugal"...* (ver. 3). Es decir, el marido también debe suplir las necesidades sexuales de su esposa. En ambos casos Pablo lo llama un "deber".

Recibimos iluminación del pasaje que el apóstol Pablo le escribió a la iglesia de Corinto en 1 Corintios siete. En el versículo uno él comienza hablando de sexo.

Pablo enseña que era mejor, dadas las circunstancias que los cristianos enfrentaban en ese tiempo (persecución, presiones y peligro, etc.) que el hombre no se preocupara por una vida matrimonial y sexual, sino que se ocupara en servir al Señor. *"No tocar mujer"* es una expresión bíblica que quiere decir no tener relaciones sexuales (véase Prov. 6:29).

El versículo dos dice, *"pero a causa de las fornicaciones, cada uno tenga su propia mujer, y cada una tenga su propio marido"*. Lo que quiere decir es que un hombre (o mujer) cuyas necesidades sexuales no son suplidas, corre el peligro de caer en la inmoralidad, y por eso es mejor que tenga su cónyuge (con la vida íntima correspondiente) para que eso no suceda. El versículo tres remacha el pensamiento exhortando a cada uno a que cumpla con el deber de satisfacer al otro sexualmente, para eliminar la tentación de la infidelidad.

> Su marido, si es un varón normal, tiene un apetito casi insaciable de intimidad sexual.

Tan grande es esta necesidad que Pablo exhorta en el versículo cinco: *"No os neguéis el uno al otro"*, y aun en tiempos de abstención temporal para que se dediquen a la oración, que sea solamente con "mutuo consentimiento" y *"volved a juntaros en uno, para que no os tiente Satanás a causa de vuestra incontinencia"*.

La esposa prudente reconocerá que su marido, si es un varón normal, tiene un apetito casi insaciable de intimidad sexual. La esposa necesita "alimentarlo" bien para que esté contento y satisfecho, y no "hambriento", cuando sale a su trabajo o a algún otro lugar. Alguien ha dicho: "Si usted no llena las necesidades de su cónyuge, hay otras personas esperando la oportunidad de hacerlo". Desafortunadamente, esto es verdad.

La esposa debe recordar que el varón es sexualmente muy diferente de la mujer. El creador lo diseñó con un "alambrado" y diferente "voltaje" al de la mujer. Muchas esposas no entienden por qué su esposo necesita expresarse sexualmente tan seguido. El varón tiene una gran energía para el sexo. ¿La razón? Según James Dobson, un psicólogo cristiano, el cuerpo del varón, junto a la próstata, tiene dos bolsitas que contienen el semen. Cuando se vacían en el acto sexual, se vuelven a llenar en un período aproximado de 72 horas o tres días. Cuando se llenan, el varón está más susceptible a todo estímulo sexual. Quizás esto explique por qué el promedio de frecuencia con que los matrimonios tienen intimidad sexual, según los expertos, es de 2.6 veces por semana (estadística de EUA).

La falta de comprensión de esta característica varonil puede dañar la relación en un matrimonio y echarle un balde de agua fría a su vida íntima. Algunas esposas creen que se casaron con un "pervertido" al ver cuánto desea su marido el sexo. Luego ella descubre que se trata de una *necesidad* que ignoraba. Una esposa expresó a su consejero matrimonial: "No sé por qué mi marido desea intimidad sexual tan seguido. Si yo se lo permitiera, ¡él querría tener relaciones cada mes"! Otra esposa declaró: "Yo ignoraba cuán intensas son estas tentaciones [para un varón], y cuánta fuerza se necesita para no sobrepasar los límites establecidos por Dios".

Otra esposa cristiana dijo: "Para mí fue una sorpresa aprender cuán diferentes son los varones de las mujeres. Me asombra que varones cristianos puedan tener este problema aun después de casados". Otro comentario: "La atracción que yo sentía (en la vida de soltera) al ver a un varón no era nada comparado con la que un varón siente al ver a una mujer". Una esposa comentó: "Porque las mujeres no tenemos este problema, nos parece que algunos hombres son pervertidos, fuera de control, que sólo piensan en el sexo".

El asombro o sorpresa que sienten algunas mujeres es una barrera para la comunicación sincera acerca de problemas sexuales. Cuando a una esposa se le preguntó qué sentiría si supiera que su marido tiene luchas con la tentación, ella respondió: "¡Lo mataría!" Esta actitud le cierra la puerta a un esposo que quisiera platicar con su esposa acerca de sus luchas. Una esposa dijo: "Después de darme cuenta de estos problemas (de los varones), me sorprendió que los hombres casados tengan tantos problemas en esta área". Otra esposa comentó: "Cuando mi esposo y yo abordamos el tema, me sentí enojada, herida, y traicionada... No podía comprender por qué él todavía miraba a otras mujeres".

La actitud de comprender y desear ayudar al marido crea otro ambiente diferente—uno donde el esposo puede buscar el apoyo de su esposa. Una esposa expresó: "Cuando le pregunté a mi marido, él fue honesto y confesó que había tenido luchas. Al principio me sentí herida, pero luego le di gracias a Dios por su honestidad". Un comentario más: "Reconozco que mi marido está bombardeado diariamente con imágenes sexuales. Yo quiero saber de las luchas que él tenga para poder comprenderlo mejor. No me sentí traicionada, porque me ha sido fiel. Otras mujeres no son tan afortunadas".[1]

- **Necesidad de respeto y admiración.** Una de las necesidades más importantes que Dios puso en el varón es la de ser respetado. Efesios 5:33 lo confirma: *"...cada uno de vosotros ame también a su mujer como a sí mismo; y la mujer respete a su marido".* Cuando la esposa no manifiesta respeto, en el esposo se produce un vacío que lo hace sentirse "menos hombre". Su hombría es dañada o disminuida. El respeto y la admiración de su mujer lo hacen sentirse realizado, sin necesidad de "probar" que es realmente "hombre". Su hombría necesita ser afirmada y fortalecida por su esposa. Cuando ella no llena esa necesidad, el vacío permanece en él. Tarde o temprano una tentación se presentará en forma de mujer que, por su admiración y respeto hacia él como hombre, compensará la carencia de admiración y respeto por parte de su esposa. Una esposa puede protestar y decir: "Pero, eso no es justo, no debe ser así". Es cierto, pero así ha sido la realidad en muchísimos casos, en muchos de los cuales la esposa lo reconoció demasiado tarde.

- **Necesidad de compañerismo en el "mundo" del marido.** Muchas veces el marido siente que su esposa no tiene interés en las cosas que son importantes para él. Eso incluye su trabajo, algún deporte como fútbol, pesca, alguna diversión fuera de la casa, o aun su ministerio en el caso de líderes cristianos.

La participación, la compañía, la presencia de su esposa en el mundo de su cónyuge puede fortalecer el matrimonio. He conocido casos en los cuales la esposa se negaba a ser parte de la vida de su marido fuera del hogar, y eso contribuyó al deterioro de su relación.

- *Necesidades emocionales.* Hay necesidades emocionales en los dos, pero en este momento estamos enfocando las del marido. Su autoestima, su sentido de valor como ser humano y como varón, su necesidad de amar y ser amado, la aprobación y necesidad de saber que es el hombre más importante en la vida de su esposa (aunque el padre de ella viva todavía y la esposa tenga una buena relación con él), así como otras necesidades emocionales, deben ser suplidas por la esposa. Cuando esto ocurre, el marido se siente feliz y realizado. Cuando no sucede, se siente frustrado. Tal frustración puede "prepararlo" para sucumbir a una tentación.

EL BANCO DEL AMOR

Todos tenemos un banco emocional dentro de nosotros. Las personas que nos aman tienen una cuenta en ese banco. Cuando una persona suple una de nuestras necesidades, hace un depósito en su cuenta. Cuando no la suple, hace un "retiro" de fondos. Si no ha depositado y su cuenta está sin fondos, los "cheques" rebotan (no hay respuesta adecuada, las necesidades no son suplidas, hay poca comprensión y

> Sentimos atracción hacia una persona que deposita en nuestro banco emocional.

manifestación de amor, falta de intimidad, etc.). Sentimos atracción hacia una persona que deposita en nuestro banco emocional.

Si el "saldo" en la cuenta de una persona baja hasta cierto nivel, la relación está en problemas. Si sube, la atracción hacia esa persona aumenta. Si la cuenta de la esposa en el banco de su esposo está baja o "sin fondos", el matrimonio está en peligro. Cuando la cónyuge no ha depositado y otra mujer sí, es una situación potencialmente cargada de problemas.

Estoy consciente de que muchos maridos necesitan aprender a tratar a sus esposas con ternura y consideración, necesitan cambiar hábitos y costumbres que irritan y dañan a sus esposas… de que necesitan darles a sus cónyuges el cariño que necesitan por medio de palabras de amor y caricias no sexuales. Muchos esposos necesitan aprender a depositar en el banco emocional de sus esposas. Necesitan aprender que para la mujer el amor viene antes del sexo y es la llave que abre su capacidad de gozar del sexo. La mujer necesita reconocer que para el varón el sexo es la llave que abre su capacidad de amar. En otras palabras el varón da amor para recibir el sexo y la mujer da el sexo para recibir el amor. No es difícil ver que los dos tienen cosas que aprender acerca del otro.

Pero también creo que si las esposas tratan de entender a sus maridos y satisfacerlos en la vida íntima, si se abren a conversar de sexo, y si depositan generosamente en el banco emocional de sus maridos, muchas cosas cambiarán y se verá una mejora notable en todas las áreas de la vida matrimonial.

Para reflexionar

1. ¿Por qué la esposa es clave como defensa contra el pecado sexual de su marido?

2. ¿Cómo puede la mujer fortalecer su matrimonio al conocer las necesidades varoniles de su marido?

3. ¿Cómo puede una mujer depositar más amor en el banco emocional de su esposo?

4. ¿Cree usted que es cierto que muchas esposas ignoran las necesidades sexuales de los hombres? ¿Cómo puede la mujer superar la falta de entendimiento en esta área, a fin de fortalecer la vida íntima de su matrimonio y aumentar el nivel de satisfacción sexual de su esposo?

Notas

[1] Algunos de los comentarios de esta sección fueron tomados del excelente libro *Every Man's Battle* (*La batalla de todo hombre*), por Stephen Arterburn y Fred Stoeker, páginas 33–35, Colorado Springs, Colorado, Waterbrook Press, 2000.

9

En pos de la pureza moral

Evitando la trampa

*"El que es inteligente ve el peligro y lo evita; el que es tonto
sigue adelante y sufre las consecuencias"*
Proverbios 22:3 Biblia para todos

"...El que rescata de la fosa tu vida" Salmos 103:4
"...libra su alma de la fosa y su vida de pasar al Seol".
*"Entonces su alma se acerca a la fosa,
y su vida a los que causan la muerte".*
"Líbralo de descender a la fosa, he hallado su rescate".
*"Él ha redimido mi alma de descender a la fosa,
y mi vida verá la luz".*
Job 33:18, 22, 24, 28 LBLA

Algunos que están leyendo este libro ya están apresados
en la trampa del pecado sexual. Otros quizás caminan
cerca de la orilla de un precipicio debido a lo impropio de
su conducta sexual. Aplicando una frase bíblica, toman

"fuego en su seno", y caminan "sobre brasas" (Prov. 6:27–28). Cualquiera que sea su caso, creo que usted encontrará en este capítulo final respuestas y consejos que le ayudarán a quedar libre de este siniestro lazo. Así que hay ayuda en Dios para quienes han caído en la trampa, y también para quienes en esta área tienen debilidades y son propensos a caer, se sienten atraídos por la tentación o están en peligro de morder el cebo. Dios anhela que todos sus hijos caminen en la verdad y libertad. Su voluntad es que podamos *"estar firmes contra las asechanzas del diablo"* (Efesios 6:11).

LIBRES DE LA TRAMPA

Imaginemos, por un momento, que usted camina por un bosque. Ha sido advertido de trampas en esa área, pero a pesar del peligro decide pasar por allí. De repente, cuando menos lo espera, pisa un aparato metálico que cierra su mordaza punzante alrededor de su tobillo. Cae con un dolor inexpresable. Grita pidiendo ayuda, pero nadie lo escucha. Sangra, y la pérdida de sangre le preocupa. Trata de librarse de la trampa, pero no tiene fuerzas. Está en peligro de perder el pie o, peor aún, la vida. Cuando parece que ha perdido toda esperanza de ser rescatado aparece un varón que abre la trampa y lo libera.

Pero el varón no puede dejarlo allí en esa condición. Lo lleva en sus espaldas a un auto, y luego lo transporta a un hospital para recibir tratamiento. Camino al hospital, el dolor se siente menos agudo, pero aún no está fuera de peligro. Necesita tratamiento médico para limpiar la herida, desinfectarla, y darle tiempo para sanar.

Este es un cuadro de la persona prendida en la trampa del pecado sexual. Uno no puede escapar cuando quiere, pues necesita ser liberado por la mano de Dios. Cristo es el libertador que pasa por el lugar donde estamos apresados, y nos libra de la trampa.

Para algunos que están atrapados en el lazo del pecado sexual puede parecerles imposible salir, pero hay esperanza. Cierto es que la fuerza de la tentación y el poder del pecado sexual son casi irresistibles por nuestra propia fuerza. Una vez atrapada la víctima, el enemigo no la suelta fácilmente. Sin embargo, muchas personas que estaban encadenadas a estas aberraciones ahora están libres, e incluso encabezan ministerios que liberan a otros.

El Cristo que vive y reina al lado del Padre Celestial anhela rescatar, restaurar y redimir del abismo. Su deseo ardiente es sacarnos del pozo de la desesperación y del lodo cenagoso, poner nuestros pies sobre peña, y enderezar nuestros pasos (vea Salmo 40:2). Su sangre nos limpia cuando hay verdadero arrepentimiento. Si estamos dispuestos a escalar los peldaños necesarios, Dios ha puesto la escalera en el abismo para que salgamos. Pablo exhorta a Timoteo a rescatar a quienes estaban bajo su cuidado pastoral: *"corrigiendo tiernamente a los que se oponen, por si acaso Dios les da el arrepentimiento que conduce al pleno conocimiento de la verdad, y volviendo en sí, escapen del lazo del diablo, habiendo estado cautivos de él para hacer su voluntad"* (2 Timoteo 2:25–26).

PASOS HACIA LA PUREZA

- **Pasión por ser libre.** El primer paso para salir del abismo del pecado sexual, sea adulterio, fornicación, pornografía, homosexualismo, lascivia u otro, es llegar al punto de desear la liberación con una pasión. El deseo de salir y ser libre tiene que pesar más que los placeres o "beneficios" que uno esté consiguiendo de

> Mientras los deseos carnales nos atraigan más que la pureza, no será posible salir del hoyo.

su participación en la actividad o relación ilícita. Tenemos que anhelar una vida pura y transformada. Mientras los deseos carnales nos atraigan más que la pureza, no será posible salir del hoyo.

Moisés tuvo que escoger entre el poder de Egipto (símbolo del mundo) y la obediencia a Dios. Hebreos 11:24–26 nos recuerda, *"Por la fe Moisés... rehusó ser llamado hijo de la hija de Faraón, escogiendo antes ser maltratado con el pueblo de Dios, que gozar de los placeres temporales del pecado, considerando como mayores riquezas el oprobio de Cristo que los tesoros de Egipto; porque tenía la mirada puesta en la recompensa".* Todos tenemos que evaluar y elegir: ¿Qué vale más: los placeres transitorios de nuestro pecado, o la "recompensa", que es libertad, aprobación de Dios y una vida de victoria y pureza moral?

Parte de la recompensa también es poder vivir una vida productiva, fructífera, y útil para Dios, y de gran provecho para el pueblo de Dios. Pablo exhortó a los colosenses: *"Decid a Arquipo: Mira que cumplas el ministerio que recibiste en el Señor"* (Col. 4:17). El apóstol comparte el mismo consejo con su hijo espiritual, Timoteo: *"Cumple tu ministerio"* (2 Tim. 4:5b). En los dos casos la preocupación de Pablo era que estos siervos de Dios pudieran llegar al final de su vida y ministerio habiendo cumplido el propósito de Cristo para ellos, y hacerlo con una conciencia limpia. La recompensa de terminar nuestra carrera con la aprobación y recomendación del Señor no tiene igual. Yo anhelo este mismo gozo y satisfacción para usted también.

Hemos tratado con pastores y líderes que no han aceptado el proceso de restauración, algunos debido al orgullo, su amor al pecado, la falta de verdadero arrepentimiento, o la renuencia a enfrentar y superar asuntos problemáticos en su vida. Éstos no han podido seguir adelante en una vida de victoria, éxito y pureza moral. Algunos están fuera del ministerio o liderazgo cristiano, o siguen en un "ministerio ilegítimo", no autorizado por sus autoridades espirituales o por Dios. Otros, en cambio, han recibido el proceso de restauración y hoy están en ministerios fructíferos para el Señor. El galardón de ver nuestra vida, matrimonio, familia, o ministerio restaurados es de veras muy grande.

Los siguientes textos bíblicos también hablan del santo anhelo de la liberación, la vida, y santidad de Dios:

¿Quién es el hombre que desea la vida...? Salmo 34:12

¿A quién tengo yo en los cielos sino a ti? Y fuera de ti nada deseo en la tierra. Salmo 73:25

Cumplirá el deseo de los que le temen. Salmo 145:19

A los justos les será dado lo que desean. Prov. 10:24

Árbol de vida es el deseo cumplido. Prov. 13:12

El deseo cumplido regocija el alma. Prov. 13:19

*Oh Jehová, te hemos esperado; tu nombre y tu memoria
son el deseo de nuestra alma.* Isa. 26:8

> **Necesitamos poseer una pasión por *Dios* y su santidad.**

La codicia y la lujuria son deseos inicuos y son el opuesto del anhelo santo y la búsqueda ardiente de Dios. Cuando un hombre o una mujer rechazan en forma definitiva la lujuria y se apasionan por la libertad en Cristo, dan el primer paso para librarse de las cadenas y esclavitud del pecado sexual.

- **Pasión por Dios**. No es suficiente tener una pasión por ser libres. También necesitamos poseer una pasión por *Dios y su santidad*. No es posible sacar la oscuridad de un cuarto oscuro. No se remueve con escoba, ni con dinamita, ni con agua y jabón. Hay una sola cosa que puede eliminar la oscuridad: la luz. Cuando se prende una luz, la oscuridad pierde su poder y se desvanece. Asimismo, la mejor forma de sacar las tinieblas espirituales de nuestra vida es prender la luz de Dios: El Señor Jesús es la luz que hace falta. Él y su Palabra nos alumbrarán. Pero no me refiero a simplemente ser creyente o asistir a la iglesia. Hablo de enamorarnos de Jesús y sentir una pasión por su presencia en nuestras vidas. Hablo de amar y "devorar" su Palabra para alimentar nuestras vidas.

Pero que la inmoralidad, y toda impureza o avaricia, ni siquiera se mencionen entre vosotros... porque antes erais tinieblas, pero ahora sois luz en el Señor; andad como hijos de luz (porque el fruto de la luz consiste en toda bondad, justicia y verdad). Y no participéis en las obras estériles de las tinieblas, sino más bien, desenmascaradlas; porque es vergonzoso aun hablar de las cosas que ellos hacen en secreto. Pero todas las cosas se hacen visibles cuando son expuestas por la luz, pues todo lo que se hace visible es luz. Por esta razón dice: Despierta, tú que duermes, y levántate de entre los muertos, y te alumbrará Cristo. (Efesios 5:3, 8–14, LBLA).*

Cuando nuestra pasión por Dios supere la pasión que sentimos por el placer sexual, nuestra vida se llenará de luz. Y esa luz expulsará la oscuridad de nuestro corazón. Las tinieblas y la luz no pueden ocupar el mismo espacio a la misma vez.

- **Odio por el pecado.** Un hombre que batallaba con un pecado sexual le comentó a su pastor: "Todavía lo estoy haciendo; supongo que aún no lo odio tanto como para dejarlo". El pecado es repugnante y aborrecible para Dios, y arrepentirse es tener la misma actitud de Dios. Tenemos que llegar a aborrecer el pecado sexual, cualquiera que sea, y amar la rectitud y la santidad. Nuestra oración diaria debe ser: "Señor, dame una mente limpia y un corazón puro. Concédeme amor por la santidad y pureza espiritual y odio por el pecado".

Hablando de Cristo, Hebreos 1:9 dice: *"Has amado la justicia y aborrecido la iniquidad; por lo cual Dios, tu Dios, te ha ungido con óleo de alegría…"* Parte de lo que calificó a Cristo para su misión en la tierra era su odio por la iniquidad y su amor por la justicia. (Véase también: Salmo 119:104; Prov. 8:13; Amós 5:15; Rom. 12:9; Apoc. 2:6).

- **Honestidad.** Ser honesto con Dios, con uno mismo y con los demás, constituye otro principio importante para escapar de la trampa. Efesios seis habla de la armadura de Dios para los creyentes. Una parte crucial de la armadura es tener *"ceñidos vuestros lomos con la verdad"* (ver. 14). El apóstol Juan les dijo a sus lectores: *"No tengo mayor gozo que éste: oír que mis hijos andan en la verdad"* (3ª Juan v. 4, LBLA). Estas palabras de Juan expresan el sentir del corazón del Padre Celestial hacia nosotros también.

> Cuando uno está atrapado en un pecado sexual... hay doble vida, secretos, cosas ocultas y mentiras.

La palabra para "verdad" es *aletheia* y significa: lo que es verdadero, libre de engaño, falsedad, simulación, hipocresía o mentira; lo que es veraz; veracidad. Habla de autenticidad en la vida. Cuando uno está atrapado en un pecado sexual, en la mayoría de los casos hay una doble vida, secretos, cosas ocultas y mentiras. *"Desechando la mentira"* hemos de andar en la verdad y hablar la verdad (Efe. 4:25). Para ser restaurados y Dios restablezca su santidad en nosotros, debemos ser auténticos. Eso exige:

➢ **Reconocimiento de pecado.** *Es imprescindible reconocer que nuestras prácticas sexuales fuera del plan de Dios son pecado.* No son simplemente "errores, debilidades, indiscreciones, o fallas". Son pecados cometidos contra Dios y otros. Son ofensas contra Dios. Quebrantan su ley moral. Son clavos en las manos y pies del Señor Jesús en la cruz. No sólo debemos ver que nuestros actos son iniquidades y pecados, sino que tenemos que ver lo serio de ellos y reconocer el daño que han hecho.

➢ **Verdadero arrepentimiento.** Es indispensable para la restauración. El arrepentimiento cambia nuestra actitud respecto a Dios, a nosotros mismos, y al pecado. Ya no vemos a Dios como injusto (por prohibirnos placeres y cosas que deseábamos y "necesitábamos"). Ya no nos vemos a nosotros como víctimas, o merecedores de cosas que Dios ha prohibido para nuestro bien. Dejamos de percibir el pecado como algo atractivo y bueno que amamos; al contrario, lo aborrecemos y reconocemos como destructivo.

D. L. Moody, famoso evangelista, dijo: "Me he arrepentido más siendo cristiano que cuando estaba en el mundo". Arrepentimiento es más que un sentimiento o tristeza por el pecado, o remordimiento. Es un cambio de conducta. Si vemos que hacemos algo que no es correcto, dejamos de hacerlo. Si vemos que debemos estar haciendo algo que no hacemos, comenzamos a hacerlo. Eso es arrepentimiento, un cambio radical en nuestra conducta, o acciones. Por supuesto, también incluye un rechazo o renuncia total de la acción que llevaba al pecado, y un compromiso con la pureza moral.

- **Dejar de culpar a otras personas.** Ésta es otra manera de encubrir o justificar nuestro pecado. Es fácil pensar o decir: "Bueno, yo soy así pero fulano realmente tiene la culpa".

> Cuando eso no sucedió, ella concluyó que Dios estaba aprobando su decisión.

"Fulano" es el o la cónyuge, el padre, madre o abuelo, o la persona que nos abusó en la niñez o juventud, etc. También podemos culpar a la amante por ser seductora o agresiva. Una esposa que dejó a su marido para casarse con otro hombre dijo que sentía deseos de hacerlo y pidió a Dios que si no era su voluntad que quitara los deseos de su mente. Cuando eso no sucedió, ella concluyó que Dios estaba aprobando su decisión. Dio el paso y destruyó su matrimonio.

A lo mejor ella concluyó que Dios era el culpable de su decisión desastrosa. Pero, para progresar en el proceso de restauración tenemos que asumir nuestra responsabilidad y aceptar las consecuencias de nuestra falta, dejando de culpar a otros.

- **Reconocimiento de la fuente de la santidad y pureza moral**. Nosotros no poseemos la santidad. Al contrario, si le damos rienda suelta a nuestro corazón (Jer. 17:9), hay una ley de "gravedad" espiritual que nos jala hacia abajo, hacia cosas malévolas y perversas. La verdadera santidad viene únicamente de Dios cuando él la deposita en nosotros por el Espíritu Santo. En otras palabras, somos santos solamente en su santidad, y puros en su pureza, así como somos fuertes en su fuerza y sabios en su sabiduría. La pureza moral no es algo que nosotros podamos producir, sino algo que Dios deposita en nuestra cuenta—es su santidad en nosotros.

- **Separación total de personas, lugares, u objetos que nos tientan.** Si hemos mantenido una relación ilícita o impropia con una persona, o frecuentado ciertos lugares, o usado ciertos objetos (como videos, revistas pornográficas, Internet, etc.), es imprescindible separarnos totalmente de ellos. Es casi imposible ganar la victoria y salir del abismo sin dar este paso importante. Dichas personas, lugares u objetos pueden crear en nosotros la propensión de volver a los viejos patrones de vida y conducta.

En una iglesia en Los Estados Unidos se descubrió que el pastor había usado pornografía en la computadora de su oficina. Fue despedido y entró en un proceso de restauración. Después de dos años fue restablecido en un ministerio. Pero seis meses después tuvo una recaída. Anteriormente había guardado sus imágenes pornográficas favoritas en un DVD, el cual había escondido. No lo echó a la basura. En un momento de debilidad y tentación buscó el disco y comenzó a verlo de nuevo. No separarse totalmente de material pornográfico, o cualquier otro objeto sexual ilícito es un error.

Un señor estaba contratando un nuevo cochero para conducir el vehículo en el cual viajaba su familia. Con frecuencia el carruaje tenía que pasar por un camino angosto a la orilla de un precipicio. El señor le preguntaba a cada solicitante del empleo qué tan cerca podía manejar de la orilla sin que el vehículo se precipitara. Uno decía "un metro", otro "cincuenta centímetros", y otro que se creía muy capaz y valiente, dijo: "Yo puedo hacer que la rueda corra a unos diez centímetros del precipicio". Finalmente, otro solicitante dijo: "Yo mantendría el vehículo lo más lejos de la orilla posible". Este último recibió el empleo. Mantenerse lo más lejos posible de la tentación es la única forma prudente de evitar una desgracia en nuestra vida moral. Entre más lejos se encuentre un clavo del imán, menor será la atracción.

- **Aceptación de ayuda de otros**. Para realmente escapar de la trampa del pecado sexual, es necesario recibir el apoyo de otras personas. La fuerza de la tentación y la tendencia a recaer dificulta la salida del abismo y retarda nuestra restauración. Pocas personas tienen la fuerza para subir sin la ayuda de otros. Una persona arriba, con su brazo extendido, es de ayuda inestimable para sacarnos del lodo cenagoso.

> Una persona arriba, con su brazo extendido, es de ayuda inestimable para sacarnos del lodo cenagoso.

Nuestros líderes o autoridades espirituales nos ayudarán a conocer y seguir los pasos necesarios para lograr una restauración completa. Nuestros hermanos en Cristo nos animarán a levantarnos y seguir adelante en una vida cristiana de éxito y victoria y de pureza moral. Desde luego, la ayuda de Dios y su poder incomparable están al alcance de la persona que verdaderamente se arrepiente y lo busca con corazón sincero (Isa. 41:10; 1 Cor. 10:13; Heb. 2:18; 4:15–16; 2 Pedro 2:9).

- **Acercarse a Dios.** Acérquese a Dios y búsquelo de todo corazón. En este tipo de situación la tendencia es alejarnos del Señor. Nos sentimos avergonzados, con temor de acercarnos a él, y descuidamos nuestra relación personal y comunión con él. Aunque sea la tendencia normal, es contraproducente. Reconozca que Dios todavía lo ama. Su desaprobación de nuestro comportamiento no suspende ni paraliza su amor por nosotros. Dios no ha dejado de amarlo y buscar su regreso a sus brazos. Nos ama con un amor eterno. Él dice en Jeremías 31:3, *"Con amor eterno te he amado; por tanto, te prolongué mi misericordia"*.

- **Distinguir entre "apetito" y "hambre".** En el comer, nuestras costumbres son controladas y formadas por nuestro deseo de ciertos tipos de comida (apetito) más bien que por las necesidades de nuestro cuerpo (hambre). Esto nos lleva a comer alimentos aun cuando sabemos que son dañinos, o a comerlos en cantidades excesivas. No todo lo que sabe sabroso conviene para la salud del cuerpo, y lo mismo ocurre en la vida sexual. Podemos ser impulsados por nuestro "apetito" sexual (deseo de cosas que anhelamos, pero que no son sanas), o por el "hambre" (nuestra necesidad normal de expresión sexual sana). Reconocer esta distinción es importante porque:

✓ **Apetito**. Es deshonesto y engañoso: nos dice que ciertos tipos de comida (o sexo) son una "necesidad", cuando realmente se trata de un deseo. El apetito se disfraza como necesidad cuando en realidad es sólo un anhelo.

✓ **Apetito**. Nos lleva a participar de cosas que dañan nuestra vida, como la grasa, fécula, azúcar, etc. Nunca nos dice que comamos el brócoli u otras verduras, las frutas y otras cosas saludables. De igual manera el apetito sexual trata de convencernos que necesitamos cosas ilícitas, mientras que el hambre sexual nos lleva a disfrutar del amor legítimo dentro de nuestro matrimonio.

✓ **Apetito**. Nos lleva al exceso. El apetito nos impulsa al exceso de comer cantidades excesivas de la comida que nos gusta, aunque después sintamos malestar. ¡Redescubrimos esto cada vez que vamos a un restaurante con buffet!

✓ **Apetito**. Es fuerte y exigente. Demanda ciertos alimentos y se queja si no los recibe. No se conforma con comida sana; exige lo que quiere, aunque no sea nutritivo o provechoso. Fácilmente se convierte en un amo, y nosotros nos convertimos en sus esclavos.

✓ **Apetito**. No satisface las necesidades de nuestro cuerpo. No lo alimenta con verdadera nutrición, sino que sólo satisface momentáneamente el gusto, sin darle al cuerpo lo que realmente necesita. El apetito sexual tampoco satisface nuestra vida sexual. La pornografía, sexo con la amante, o cualquier otra forma de sexo ilícito, sólo da un momento de gozo, con la resultante indigestión y malestar de la culpa, el temor, las consecuencias, etc., que ineludiblemente vienen después.

Si sexualmente deseamos algo más allá de lo que Dios ha provisto para nosotros en nuestro matrimonio, estamos siendo impulsados por apetito y no por hambre, por el *deseo* y no por la *necesidad*. La solución es aprender a alegrarnos con la mujer que Dios nos dio como compañera de vida, a la cual prometimos amar exclusivamente, y no buscar fuera del matrimonio la satisfacción de nuestros "apetitos". Proverbios 5:18b–23 lo expresa de manera elocuente:

> *...regocíjate con la mujer de tu juventud, 19 amante cierva y graciosa gacela; que sus senos te satisfagan en todo tiempo, su amor te embriague para siempre. 20 ¿Por qué has de embriagarte, hijo mío, con una extraña, y abrazar el seno de una desconocida? 21 Pues los caminos del hombre están delante de los ojos del Señor, y El observa todos sus senderos. 22 De sus propias iniquidades será presa el impío, y en los lazos de su pecado quedará atrapado. 23 Morirá por falta de instrucción, y por su mucha necedad perecerá.* (LBLA)

- **Tener paciencia.** Sea paciente. La restauración y libertad son un proceso. La restauración del pecado sexual y la capacidad de caminar en pureza de vida, no son producto de una varita mágica o de una sola oración o sesión de consejería, sino un proceso de aprender nuevos hábitos, renovar la mente, confiar en Dios por la victoria de cada día, aferrarse a La Palabra del Señor, formar nuevos patrones de vida, y ser conformados a la imagen de Cristo. Por eso es necesario tener paciencia mientras el Espíritu Santo produce en nosotros su fruto, "el fruto del Espíritu". Este fruto se describe en Gálatas 5:22–23, *"Mas el fruto del Espíritu es amor, gozo, paz, paciencia, benignidad, bondad, fe (fidelidad), mansedumbre, templanza; contra tales cosas no hay ley"*.

➤ *Amor.* Dios puede darnos un nuevo amor por nuestra esposa, hijos, hogar, y por él.

➤ *Gozo.* Nos ayuda a sentir un verdadero gozo y satisfacción por la esposa, familia, y matrimonio que él nos ha dado.

➤ *Paz.* Nos llena de paz y contentamiento, para no buscar en otros lugares lo que él ya nos ha dado. Alguien dijo, "Si no estamos contentos con lo que tenemos, no estaremos contentos con lo que queremos".

➤ *Paciencia.* Nos da la capacidad de esperar el tiempo de Dios para las cosas, de esperar en él por la respuesta a nuestros problemas y frustraciones, en vez de tratar de arreglarlos con sabiduría humana o por medios pecaminosos. Por ejemplo, en muchos casos una aventura romántica parece ser una "solución" para las frustraciones matrimoniales. La verdad es que sólo empeora la situación.

➤ *Benignidad*. Nos capacita para manejar situaciones y tratar con personas de una manera nueva y diferente, con ternura y verdadero afecto. Nos ayuda a entender que las mujeres no son para ser usadas como objetos.

➤ *Bondad*. Jesús dijo: "Sólo Dios es bueno". Pero él comparte su bondad con nosotros. Bondad es la capacidad de ser una persona verdaderamente buena. La maldad ya no nos controla, sino la bondad de Dios.

➤ *Fe, o fidelidad*. La capacidad de ser fiel a nuestra esposa, a nuestro matrimonio, y a Dios sólo viene de él. El Espíritu Santo nos capacita para ser fieles en pensamiento, actitud, propósito y acción.

> El Espíritu Santo nos capacita para ser fieles en pensamiento, actitud, propósito y acción.

Él produce en nosotros esta capacidad. Y nos ayuda a reconocer y apreciar el valor y la importancia de la fidelidad en nuestros matrimonios.

➤ *Mansedumbre*. Es parecida a la humildad. El orgullo lleva a caídas: *"Antes del quebrantamiento es la soberbia, y antes de la caída la altivez de espíritu"* (Prov. 16:18). Cuando el Espíritu Santo produce en nosotros la mansedumbre, el orgullo que nos llevó al pecado ya no controla nuestra vida. "Mansedumbre" viene de una palabra que significa "acostumbrar a la mano del amo", y se refiere a la manera que un entrenador de animales usa la mano para sujetar al animal para guiarlo. El apóstol Pedro dijo: *"Dios resiste a los soberbios, y da gracia a los humildes. Humillaos, pues,* **bajo la poderosa mano de Dios,** *para que él os exalte cuando fuere tiempo"* (1 Pedro 5:5–6).

➢ *Templanza.* Quiere decir, "dominio propio", o autocontrol mismo. Incluye el control propio de pensamientos, emociones, reacciones, palabras, apetitos y acciones. En vez de ser controlados, nosotros controlamos, dominamos, señoreamos sobre las cosas que antes nos dominaban a nosotros. Romanos 6:14 dice: *"...el pecado no se enseñoreará de vosotros".* La promesa de Dios es que *"reinarán en vida por uno solo, Jesucristo, los que reciben la abundancia de la gracia y del don de la justicia"* (Rom. 5:17).

Cuando le damos el control de nuestras vidas al Espíritu Santo, él produce estos frutos en nosotros. Caminar y colaborar con él diariamente, traerá nueva victoria a nuestras vidas.

LÍMITES QUE PROTEGEN LA VIDA MORAL

"Más vale prevenir que lamentar", fue uno de los primeros dichos que aprendí en español. Muchos creyentes y siervos de Dios, aunque no han caído, se encuentran en una zona de peligro debido a deseos, pensamientos, sentimientos, hábitos, propensiones, debilidades y conducta en sus vidas. Si no lo corrigen, pueden llegar a caer. ¿Cómo podemos prevenir y protegernos de la posibilidad de un fracaso, y de participar *"en las obras infructuosas de las tinieblas?"* (Efe. 5:11).

Barandas de seguridad o barreras

Hemos descrito algunas señales que Dios pone en nuestro camino para advertirnos de peligros que asechan. Las señales son importantes y es sabio hacerles caso. Hay ocasiones también cuando, además de señales necesitamos una baranda, o barrera que nos impida precipitarnos en una cañada.

Una vez el pastor Rufino Herrera, muy buen amigo de nosotros, viajaba con su familia en un auto detrás de un camión de pasajeros en una zona montañosa de Nicaragua. El camión iba lleno de miembros de una iglesia cristiana, incluyendo a otro pastor, su esposa, y un hijo. Todo el grupo había asistido al servicio fúnebre de la esposa de Rufino, la cual había muerto unos días antes del cáncer.

De regreso del entierro, el chofer del camión perdió el control del vehículo y se precipitó en una cañada. Varias personas murieron, incluyendo al otro pastor, su

> ¿Cuál es el límite o baranda de seguridad que nos puede salvar de la tragedia de una caída moral?

esposa y su hijo, la nuera de Rufino, su cuñado, y otros. Varios miembros de su familia sufrieron lesiones y fueron hospitalizados. Si además de señales de peligro, hubieran puesto una barrera con suficiente fuerza a lo largo del camino en esa curva, quizá la tragedia se habría podido evitar.

¿Cuál es el límite o baranda de seguridad que nos puede salvar de la tragedia de una caída moral? Estas medidas de seguridad deben conocerse bien y estar firmemente establecidas en nuestra vida si hemos de ganar la victoria sobre el pecado sexual. Si usted es tentado por el pecado sexual o no, vale la pena fijar estas barreras a lo largo de su camino. Las puede necesitar en el futuro. Cada día alguien cae.

Es tan epidémico y universal el problema, que yo creo que no pasa un solo día sin que algunos siervos de Dios caigan en diferentes partes del mundo. No uno, sino varios. Además de los que cayeron ayer o caerán hoy, hay miles más en una zona de peligro, coqueteando con el pecado sexual. Determine hoy que usted no será uno de ellos.

CONSEJOS FINALES

1. **Haga un examen de su vida y situación.** *"Por tanto, pruébese cada uno a sí mismo.... Si, pues, nos examinásemos a nosotros mismos, no seríamos juzgados...."* (1 Cor. 11:28, 31). Si al examinar nuestra vida y situación descubrimos pensamientos, sentimientos, actitudes o conducta impropios, debemos determinar detenerlos. Tenemos que calificar nuestra conducta por lo que es: iniquidad y pecado. Tenemos que rechazar todo intento de justificarlo,

renunciando a él en el nombre de Jesús. Debemos adoptar la actitud del salmista, *"Examíname, oh Dios, y conoce mi corazón; Pruébame y conoce mis pensamientos; Y ve si hay en mí camino de perversidad, Y guíame en el camino eterno"* (Salmo 139:23–24).

Como vimos anteriormente, "perversidad" define lo torcido o encorvado, y viene del mismo vocablo hebreo que se traduce "iniquidad". Este examen ha de ser sincero y conforme a la verdad: *"He aquí, tú amas la verdad en lo íntimo"* (Salmo 51:6). ¿Su estilo de vida contiene elementos que le están llevando cerca de la orilla de un abismo? ¿Hay factores de riesgo en algún aspecto actual de su vida? Otras preguntas que podemos hacernos son: ¿Qué señal o señales de peligro veo en esta situación? ¿Hay alguna relación o amistad que debo romper? ¿Qué hábitos o prácticas estoy permitiendo en mi conducta a las cuales debo renunciar? En fin, ¿qué necesito cambiar para alejarme del riesgo de caer en una trampa sexual?

2. Haga un compromiso con la pureza moral.

Pablo nos exhorta en 1 Corintios 6:13: *"el cuerpo no es para la fornicación, sino para el Señor, y el Señor para el cuerpo"*. La única razón por la cual tenemos un cuerpo es hacer la voluntad de Dios en esta vida. Romanos seis nos recuerda que los miembros de nuestro cuerpo físico no deben ser presentados al pecado *"como instrumentos de iniquidad"*, sino *"presentados a Dios...como instrumentos de justicia"* (ver. 13).

> La única razón por la cual tenemos un cuerpo es hacer la voluntad de Dios en esta vida.

No hemos de permitirle al pecado reinar en nuestro cuerpo mortal, lo cual lleva a la concupiscencia (ver. 12). Jesús nos enseña que *"todo aquel que hace pecado, esclavo es del pecado"* (Juan 8:34). Determine hoy no ser un esclavo de la concupiscencia, ni vivir en servidumbre al pecado. Una forma de afirmar este compromiso con la pureza es hacer un pacto con nuestros ojos. Job declaró, *"Hice pacto con mis ojos; ¿Cómo, pues, había yo de mirar a una virgen?"* (31:1). La NVI lo traduce: *"Yo había convenido con mis ojos no mirar con lujuria a ninguna mujer"*. La versión La Biblia para Todos dice: *"Yo siempre me propuse no mirar con deseos a ninguna jovencita"*.

Jesús dijo que cuando miramos a una mujer con lujuria, es decir, con deseos de poseerla sexualmente, ya hemos cometido adulterio con ella en nuestro corazón. Los ojos son la puerta a nuestro corazón y mente. Imágenes impropias pueden entrar por esa puerta y afectar la condición interna de nuestra vida. Lo que entre en nuestra vida, por la puerta de los ojos, es nuestra responsabilidad. Eva *"vio... que el árbol era bueno para comer, y que era agradable a los ojos..."*. El apóstol Juan, junto con *"los deseos de la carne"* y *"la vanagloria de la vida"*, menciona "los deseos de los ojos" como cosas de este mundo, de las cuales no debemos ser esclavos (1 Juan 2:15–17). La forma de mirar a una persona del sexo opuesto, las imágenes que nos permitimos ver, sea en televisión, videos, revistas, o cualquier otro medio, influirá si caminamos en victoria o fracaso en nuestra vida moral.

3. Cambie sus pensamientos y renueve la mente. La clase de pensamientos que admitimos en nuestra mente constituye la raíz que produce fruto bueno o malo en nuestras vidas. El proceso funciona así: Nuestros pensamientos producen las emociones o sentimientos que albergamos. Los sentimientos producen las decisiones que llevan a nuestras acciones o conducta. Nuestra conducta produce las situaciones que vivimos.

Pensamientos ▶ Emociones ▶ Decisiones ▶ Conducta ▶ Situación

El proceso, visto en retroceso, es así: Si deseamos una *situación* diferente en nuestra vida, tenemos que cambiar nuestras *acciones* o conducta. Para cambiar la conducta es necesario cambiar la clase de *decisiones* que tomamos. Para tomar decisiones más sabias y acertadas, es imprescindible cambiar los *sentimientos* o emociones que experimentamos. Pero esto sólo es posible cuando cambiamos nuestra manera de *pensar*. Dicho de otra manera: Lo que pensamos produce los que sentimos. Lo que sentimos produce lo que decidimos. Lo que decidimos produce lo que hacemos, nuestras acciones. Y lo que hacemos produce las situaciones buenas o malas que vivimos.

Ahora bien, si deseamos otra clase de situaciones (relaciones saludables, un matrimonio bendecido y feliz, la pureza moral en todas nuestras relaciones y amistades, un carácter y testimonio no manchado, el respeto de los demás, etc.), entonces precisamos cambiar nuestra manera de pensar. Pensamientos de lujuria producirán situaciones de lujuria. Pensamientos puros producirán situaciones de pureza moral y relaciones sanas. Pablo exhortó a Timoteo:

"Consérvate puro" (1 Tim. 5:22), y la pureza empieza en la mente. Como alguien dijo: "Nuestros pensamientos predominantes determinan la dirección de nuestra vida".

Tuve el privilegio de asistir al Congreso Mundial de Evangelistas de Billy Graham en Amsterdam, Holanda en 1984. El evangelista Luis Palau, hablando a miles de evangelistas de todo el mundo, hizo énfasis en la necesidad de guardar nuestros ojos: "Cuando uno está en la plataforma y una joven bonita en minifalda se sienta en la primera fila—¡Ay! ¡Los pensamientos que pueden pasar por la mente de uno"! Tanto las imágenes como los pensamientos tienen que ser llevados cautivos para que se sometan a Cristo.

Dios nos manda renovar nuestra mente: *"transformaos por medio de la renovación de vuestro entendimiento"* (Romanos 12:2), y en Efesios nos exhorta a renovarnos *en el espíritu de nuestra mente* (véase Efesios 4:22–24). Cuando alineamos nuestros pensamientos con La Palabra de Dios, nuestra mente se llena de los pensamientos de Dios. Su Palabra es *"viva y poderosa, y más cortante que cualquier espada de dos filos. Penetra hasta lo más profundo del alma y del espíritu, hasta la médula de los huesos, y juzga los pensamientos y las intenciones del corazón"* (Heb. 4:12, NVI). Podemos entrenar nuestra mente a pensar de manera diferente.

Llenar la mente con los principios poderosos y sublimes de La Biblia, es llenarla de la sabiduría de Dios. Así podremos vivir como hombres y mujeres prudentes, vigilantes, cautelosos, y prevenidos en cuanto a las trampas tendidas por nuestro enemigo. *"Sed sobrios, y velad; porque vuestro adversario el diablo, como león rugiente, anda alrededor buscando a quien devorar"* (1 Pedro 5:8).

Los creyentes, especialmente los líderes que Cristo ha escogido y enviado para representarlo en el mundo, debemos vivir *"de una manera digna del llamamiento que (hemos) recibido"* (véase Efesios 4:1 NVI). Más adelante, en el mismo capítulo, Dios exhorta: *"Así que les digo esto y les insisto en el Señor: no vivan más con pensamientos frívolos como los paganos. A causa de la ignorancia que los domina y por la dureza de su corazón, éstos tienen oscurecido el entendimiento y están alejados de la vida que proviene de Dios. Han perdido toda vergüenza, se han entregado a la inmoralidad, y no se sacian de cometer toda clase de actos indecentes"* (Efesios 4:19 NVI).

Esto describe las sociedades modernas donde vivimos hoy, como las que existían en los tiempos de Pablo—sociedades saturadas de tentaciones y provocación sexual. Pero no hemos de dejarnos influenciar por el mundo, sino vivir en santidad en medio de la perversión que nos rodea. Moralmente, Corinto era llamada "las aguas negras" de Grecia, y sin embargo Pablo exhortó a los creyentes allí a huir de la impureza sexual y vivir en santidad. El versículo veinte dice: *"No fue ésta la enseñanza que ustedes recibieron acerca de Cristo"* (NVI).

Si hemos de vivir de manera diferente, tenemos que aprender a pensar de manera diferente, y eso requiere

> Sólo un simplón cree que puede seguir haciendo las mismas cosas y obtener un resultado diferente.

renovar nuestra mente con La Palabra de Dios. Sólo un simplón cree que puede seguir haciendo las mismas cosas y obtener un resultado diferente. Si deseamos un resultado diferente, tenemos que cambiar nuestra forma de hacer las cosas, y esto empieza con cambiar nuestros pensamientos.

4. Aprenda el poder de la disciplina. La autodisciplina nos ayuda a hacer lo que *debemos* hacer —no lo que *deseamos o sentimos* hacer. La persona disciplinada no se guía por sus emociones y deseos, sino por pensamientos y decisiones sanos y sabios. La persona disciplinada puede esperar el tiempo y la manera de Dios para hacer las cosas. El hombre disciplinado ha aprendido a decir "no" a las cosas que no convienen y "sí" a lo bueno.

Hemos de tomar control sobre nuestras acciones y también sobre nuestro cuerpo físico, el cual necesita ser disciplinado en el área sexual. El apóstol Pablo pregunta: "*¿Tomaré acaso los miembros de Cristo* (nuestro cuerpo físico) *para unirlos con una prostituta?*" Él mismo contesta la pregunta: "*¡Jamás!*" (1 Cor. 6:15 NVI). Esto nos recuerda que tenemos poder sobre nuestro cuerpo. Es necesario juzgar entre lo que es conducta sexual aceptable y no aceptable a Dios. Si queremos la bendición y aprobación de Dios en nuestra vida íntima, es imprescindible conducir nuestra actividad sexual como él ordena, no a nuestra manera.

No debemos concluir que Dios quiere apagar el gozo de nuestra sexualidad con sus reglas, normas, restricciones, y prohibiciones. Al contrario, nos hizo criaturas sexuales y nos dio el sexo como uno de los dones más hermosos dados al hombre. Su voluntad es que nuestra sexualidad sea fuente de bendición y felicidad. Para que esto se realice en nuestra vida, tenemos que aprender a decir "no" a lo inaceptable, y abrazar lo aceptable. Eso requiere disciplina.

Tenemos que mandar a nuestro cuerpo y no dejar que él nos mande a nosotros. *"No reine, pues, el pecado en vuestro cuerpo mortal, de modo que lo obedezcáis en sus concupiscencias"* (Rom. 6:12). En efecto, Dios dice: "No obedezca a su cuerpo, sino haga que su cuerpo le obedezca a usted". Si no fuera posible dominar los deseos de la carne, Dios no nos habría dado dicho mandamiento.

> "No obedezca a su cuerpo, sino haga que su cuerpo le obedezca a usted".

Si aún no está convencido, el pasaje remacha esta verdad: *"Porque el pecado no se enseñoreará de vosotros..."* (v.14). Pablo declara: *"...sino que golpeo (disciplino) mi cuerpo y lo hago mi esclavo, no sea que habiendo predicado a otros, yo mismo sea descalificado"* (1 Cor. 9:27, LBLA). La disciplina en esta área de la vida nos traerá el premio del verdadero gozo, felicidad y placer. Será un manantial del cual podremos beber las aguas limpias y frescas que realmente satisfacen, no un espejismo. Un general militar dijo que la fuerza de los soldados romanos no estaba en su valentía, sino en su disciplina. Esto también puede hacer la diferencia entre la victoria y la derrota para usted.

5. Recuerde que usted siempre podrá resistir a la tentación. Uno de los trucos favoritos de nuestro enemigo,

Satanás, es hacernos creer que no podemos resistir, que somos seres humanos débiles, incapaces de resistir las tentaciones sexuales. Primera de Corintios 10:13 contiene una promesa de Dios que nos llena de nueva esperanza. El texto dice: *"No os ha sobrevenido ninguna tentación que no sea común a los hombres; y fiel es Dios, que no permitirá que vosotros seáis tentados más allá de lo que podéis soportar, sino que con la tentación proveerá también la vía de escape, a fin de que podáis resistirla"* (LBLA).

Analicemos esta sublime promesa:

- Ninguna tentación que enfrentamos es nueva o algo que nadie más ha tenido que enfrentar.

- Dios es fiel. Podemos contar con su ayuda, especialmente cuando nos encontramos en situaciones difíciles. En Jeremías 33:3 dice: *"Clama a mí y yo te responderé…"*

- Él no permitirá que seamos tentados más allá de nuestra capacidad de resistir.

- Él promete darnos una "vía de escape" para que podamos resistir la tentación en toda circunstancia.

- Así que no tenemos nunca una excusa en el sentido de que la tentación haya sido demasiado fuerte para resistirla.

> En toda tentación tenemos la capacidad para resistir y salir triunfantes.

Este punto recalco y subrayo: en *toda* tentación podemos ser victoriosos. Dios ha prometido su poder para que seamos más que vencedores. En toda tentación tenemos la capacidad para resistir y salir triunfantes. Nunca tenemos que ser víctimas lastimosas de las tentaciones seductoras. No importa lo sutil o fuerte que sea la tentación, Dios *siempre* provee la manera de resistirla. ¡Qué consuelo nos da! ¡Qué fortaleza y confianza nos provee! Saber que *nunca* tendremos que sufrir una derrota en nuestra vida moral o sexual es un paso gigantesco para comenzar a caminar en nueva victoria.

6. Cuidado con los viajes. Viajar es necesario para muchos siervos de Dios, no se puede evitar del todo. Pero podemos tomar precauciones. ¿Cómo minimizar el riesgo de una tentación sutil cuando viajamos?

- *Lleve en su viaje una fotografía de su cónyuge e hijos.* Colocar la foto donde la puede ver cada día en la habitación le recordará las personas que lo aman y esperan en casa. La mujer preciosa de la foto espera que le sea fiel. Los hijos cuentan con su integridad para seguir respetándolo como su padre, héroe, y ejemplo.

- *Limite sus viajes.* Los viajes ministeriales son provechosos y necesarios, pero hay ocasiones cuando nos excedemos y viajamos más de lo realmente necesario y prudente. Limitar las salidas nos da más tiempo en casa y fortalece al matrimonio y la familia. Los hijos y las esposas sufren cuando hay exceso de ausencia. Este exceso *expone a la esposa a la tentación.* Dejar a la esposa sola durante mucho tiempo puede crear una situación que la exponga a una tentación sutil. Recuerde que nadie, absolutamente nadie, está exento de la posibilidad de una caída. Todos podemos ser tentados, y una deficiencia de compañerismo con el cónyuge, el aburrimiento, la soledad, y otros factores, han atrapado a muchas esposas solas. Eso no quiere decir que hemos de vivir con sospechas, dudas o desconfianza, pero sí debemos ser conscientes de los peligros y tomar las precauciones necesarias para evitar una posible desgracia.

> Uno está más expuesto a la tentación cuando está fuera de su ambiente normal.

No sólo la esposa, también los hijos son expuestos a tentaciones que asedian a los jóvenes. Hay casos de jóvenes, incluso hijos de pastores, que aprovechan la ausencia de sus padres para practicar la fornicación y otras formas de pecado. A veces los padres están tan ocupados con sus actividades que no se dan cuenta del peligro que corren sus hijos. Muchos hijos de líderes cristianos han caído en la inmoralidad, alcoholismo, drogas, etc., y algunos de ellos hasta se han suicidado.

- *No viaje solo.* Uno está más expuesto a la tentación cuando está fuera de su ambiente normal. La televisión, la soledad, la falta de rendición de cuentas, y otros factores, presentan oportunidades para el pecado y abren las posibilidades para que se presente la tentación. Siempre que sea posible, uno debe viajar con la esposa, o algún compañero de ministerio. Viajar en grupo reduce la posibilidad de una caída.

- *Manténgase en contacto con la familia.* Cuando uno viaja fuera de su lugar de residencia, es prudente mantenerse en contacto con la familia lo más que se pueda, por medio del teléfono, correos electrónicos, etc. El contacto frecuente fortalece los lazos familiares y da fuerza para resistir la tentación. Es un escudo para apagar los dardos de fuego del diablo. Escuchar la voz de nuestra cónyuge ayuda a ahogar la voz del enemigo.

"Para mí, el éxito consiste en regresar a mi casa después de un viaje de negocios o ministerio con una conciencia limpia y el gozo de saber que he sido fiel a mi Dios y a mi familia".[1]

7. Cuidado con la consejería. Según un estudio, más del 80% de los casos de caída moral de pastores y líderes comienza en el contexto de la consejería. El consejero cristiano nunca debe aconsejar a una persona del sexo opuesto a solas, especialmente con la puerta cerrada. Siempre que sea posible, haga su consejería junto con su cónyuge o con otra persona presente.

Muchas veces una persona que busca consejería abre su corazón al consejero y habla de problemas que implican cosas muy personales o hasta íntimas. Esto requiere mucha sabiduría y discreción de parte del consejero. Como dijimos antes, hay personas muy vulnerables a las atenciones prestadas por una persona que las ayuda, y fácilmente caen en la trampa de enamorarse del consejero. Si él también es vulnerable, sus tiempos juntos en consejería son una bomba de tiempo.

Un pastor restaurado que ahora ministra a personas con problemas sexuales, cuenta el caso de un colega que le llamó y le dijo: "Yo estaba aconsejando a una mujer— miembro de la iglesia—durante un tiempo y un día... pues, sucedió". Quiso decir que cayó en pecado sexual con ella.[2]

> Más del 50% de mujeres con problemas sexuales manifiestan tendencias sexuales hacia consejeros o pastores.

En un país de Latinoamérica una joven mujer buscó consejería con nosotros. Anita y yo la escuchábamos mientras ella nos contó cómo su pastor la llevó al segundo piso de la iglesia donde no había nadie, le estuvo hablando, y luego la abrazó durante casi media hora. Este tipo de "terapia pastoral" no tiene lugar en la vida de un siervo de Dios íntegro. El atrevimiento y el descaro pueden originarse en el consejero, o en la persona siendo aconsejada. En todo caso los dos deben estar alertas y prevenidos de los peligros.

Según el Dr. Patrick Carnes, más del 50% de mujeres con problemas sexuales manifiestan tendencias sexuales hacia consejeros o pastores durante las sesiones de consejería con ellos.[3] El líder prudente tomará las precauciones necesarias para evitar situaciones de este tipo.

8. Aprenda a detectar y rechazar influencias impropias. He aquí una regla importante para recordar y aplicar: *Cuando cualquier influencia, en cualquier forma, en cualquier medida, viene a apagar o disminuir mi amor por mi cónyuge, o a transferir mi afecto a otra persona, es el espíritu de fornicación, de seducción, de infidelidad, o de* *adulterio que está operando. Esta influencia puede ser una mirada, un toque o caricia, una palabra, un sentimiento, un pensamiento, "vibraciones", una fantasía, una imagen, coqueteo, etcétera.*

Una persona que sufre del asma tiene un doble problema: *adentro* tiene la enfermedad, y *alrededor* las influencias que la provocan o activan: polvo, polen, ciertos alimentos, ciertos animales o plantas, etcétera. La persona tiene que protegerse de estas influencias y evitar las molestias que causan, para gozar de mejor salud.

Tenemos que estar alertas al radar espiritual que Dios ha puesto en nosotros y rechazar, cortar y detener las influencias dañinas inmediatamente. La Biblia garantiza que quien juega con fuego será quemado. En un texto que ya hemos citamos en este libro, Salomón dijo: *¿"Tomará el hombre fuego en su seno sin que sus vestidos ardan? ¿Andará el hombre sobre brasas sin que sus pies se quemen?"* (Prov. 6:27–28).

El pastor John Hagee, de San Antonio, Texas, narra una experiencia que vivió de joven. Cazaba ardillas con su rifle en un bosque. Una ardilla se bajó de un árbol cuando vio en el suelo algo que le llamó la atención. Se acercó con curiosidad. Le pareció tan interesante y fascinante el objeto, que seguía acercándose cada vez más. Al fin, se encontró cara a cara con una cascabel, una serpiente venenosa. En un abrir y cerrar de ojos la ardilla perdió la vida y cayó víctima de los dientes venenosos de la serpiente.

El pecado sexual es parecido en su naturaleza. Es sutil. Atractivo pero mortal. El libro de Hebreos (3:13) nos exhorta: *"para que ninguno de vosotros se endurezca por el engaño del pecado"*. Como la serpiente, el pecado engaña y traiciona porque promete cosas que no da. En vez de felicidad, da miseria. En vez de liberar, entrega a la esclavitud. En lugar de levantarnos nos hunde en un abismo. Más que ofrecer soluciones, da problemas mayores. La curiosidad y la imaginación nos pueden llevar a una situación peligrosa, una que tenga el potencial de destruir nuestra vida, matrimonio y familia, nuestro testimonio y ministerio.

9. Rechace el concepto equivocado del "doble estándar", es decir, "uno para la gente y otro para mí". Este concepto lleva al líder a pensar consciente o inconscientemente: "Soy el líder, soy especial, soy privilegiado, no tengo que obedecer las reglas estrictas de conducta como los demás, porque estoy más allá de ese legalismo. Vivo en la gracia de Dios. Mi posición como líder me da ciertos privilegios y derechos. Estoy en una relación tan especial con Dios, que él permite algunas cosas cuestionables, y hace caso omiso a mis errores. Yo vivo en otro nivel de vida".

Esto puede sonar ridículo, pero es el concepto que algunos líderes abrazan. Un pastor que tenía relaciones sexuales con mujeres que buscaban consejería en su iglesia, les decía a las mujeres: "No digan nada de esto a nadie. Para nosotros esta conducta está bien, pero los otros hermanos no están en el mismo nivel de madurez en el reino y no comprenderían". Este pastor no es el único que piensa así. El rey David también practicaba un estándar doble. Conducta que él censuraba en otros, la practicó. Esta falsa creencia ha causado la caída de muchos líderes cristianos.

La verdad es que Dios no espera menos de sus líderes, sino más. Santiago 3:1 dice: *"Hermanos míos, no pretendan muchos de ustedes ser maestros (líderes), pues como saben, seremos juzgados con más severidad"* (NVI). El "código de conducta" que asigna un estándar diferente a los demás, es juzgado por Dios como hipocresía. Jesús acusó a los fariseos de doblez, *"...ellos dicen y no hacen. Atan cargas pesadas y las ponen sobre las espaldas de los hombres; pero ellos ni con un dedo quieren moverlas"* (Mat. 23:3–4, NVI). Los fariseos practicaban la disimulación en tal grado que la palabra fariseísmo ha venido a ser sinónimo de hipocresía. Temo que en la mente de algunas personas hoy día, la palabra hipócrita haya venido a ser sinónimo de líder, o pastor, o misionero, o aun de creyente en Cristo. Podemos cambiar esta lamentable situación si andamos con corazones sinceros en pos de la pureza moral.

En los tiempos antiguos los carpinteros rellenaban un hueco o falla en la madera con cera, y lo cubrían con pintura o barniz. El comprador inexperto no sabía distinguir la diferencia, pero el avisado preguntaba: "¿La mesa es con cera o sin cera?"

Dios nos pregunta: "¿Es tu vida con cera o sin cera?" No rellene los "huecos" en su carácter con la cera de la hipocresía. Mantenga su vida libre de falsedad, siempre "sincera".

> No rellene los "huecos" en su carácter con la cera de la hipocresía.

10. Aprenda a guerrear. No podemos ser pasivos y ganar la batalla contra la lujuria. Las fuerzas malignas que vienen contra nosotros, además del poder de la carne, deben ser rechazadas, renunciadas, y resistidas en el nombre de Jesús. La pasividad, la no acción, le da ventajas al enemigo, y nos deja a la defensiva. Tenemos que tomar la ofensiva en esta guerra contra el pecado sexual. Santiago 4:7b nos exhorta: *"...resistid al diablo, y huirá de vosotros"*. Ahora usted está informado en torno al poder y la naturaleza de este tipo de tentación, y equipado para resistirla con éxito. Levántese, tome sus armas, y pelee la buena batalla de la fe. Usted puede ganar cuando pelea en el poder del Espíritu Santo y en el nombre de Cristo.

En 1938, el primer ministro de Inglaterra, Winston Churchill, estuvo de pie delante del parlamento de esa nación. Inglaterra estaba amenazada por el régimen nazi de Hitler. Los miembros del gobierno se rehusaban a declarar la guerra, y un espíritu de pasividad predominaba. Churchill reconoció que la guerra era inevitable si su nación quería permanecer libre. En su discurso expresó estas palabras inmortales: "Nos es imprescindible decidir entre la guerra y la deshonra".[4]

No hacer nada equivalía derrota y deshonra. La alternativa, la guerra, podría traer victoria. Inglaterra aceptó el reto y ayudó a ganar la segunda guerra mundial. Hoy, Inglaterra es un país libre. Lo mismo es cierto para nosotros. No pelear, ser pasivos, no guerrear contra el poder del pecado, significa sufrir la derrota y la deshonra. Nuestro destino en Dios es sublime y maravilloso; no perdamos la corona otorgada a los vencedores. Dios promete que somos más que vencedores cuando confiamos en él. Él pelea nuestras batallas por nosotros. Él está a su lado para darle un triunfo en cada batalla. Y recuerde, ¡hay que decidir entre la guerra y la deshonra!

11.   Desarrolle el temor del Señor en su vida. En una serie de enseñanzas en DVD titulada "Guiados por la eternidad", el conferencista John Bevere cuenta su experiencia de haber visitado a Jim Bakker en una prisión federal. Bakker, quien anteriormente era evangelista de televisión cristiana, se encontraba en la prisión por fraude financiero. También había tenido una caída moral. Bevere le preguntó: "Jim, ¿cuándo dejó de amar a Jesús"? Bakker respondió, "Nunca dejé de amar a Jesús. Lo que me faltó fue el temor de Dios en mi vida".

¿Qué papel juega el temor de Dios en nuestras vidas? Nos ayuda a apartarnos del mal. Proverbios 16:6 dice: *"Con misericordia y verdad se expía la culpa, y con el temor del Señor el hombre se aparta del mal"* (LBLA). El temor de Dios es la reverencia que le tenemos, la cual nos lleva a la obediencia. También significa que tenemos temor a las consecuencias de la desobediencia. Éxodo 20:20 declara, *Y respondió Moisés al pueblo: No temáis, porque Dios ha venido para poneros a prueba, y para que su temor permanezca en vosotros, para que no pequéis* (LBLA). El temor de Dios nos guarda del mal. Cuando realmente reverenciamos a Dios y abrazamos un temor sincero a las consecuencias de un acto de desobediencia, esto nos salva de caer en la trampa del pecado. Escoja el camino de la obediencia y el temor de Dios en su vida. La obediencia es el camino de los sabios: *"El sabio teme y se aparta del mal, pero el necio es arrogante y descuidado"* (Prov. 14:16 LBLA).

Conclusión

¡Cierre las puertas! Un día en marzo de 1987, el transbordador (ferry) "El Heraldo" se cargaba de gente y autos para cruzar el Canal de la Mancha en otro de sus viajes rutinarios. Para emprender su viaje era necesario cerrar las puertas de la proa. ¿Fue negligencia, olvido, descuido? No se sabe a ciencia cierta, pero por algún motivo ese día las puertas permanecieron abiertas. El capitán dio el visto bueno y el transbordador partió en su última y malograda travesía por el canal. Pocos minutos después la nave se llenó de agua y se hundió. Perecieron 193 personas. Muchos autos, propiedad personal, y el barco mismo también, se perdieron. Y todo, ¡porque no se cerraron las puertas!

¡Cuántas vidas, matrimonios, familias y ministerios se han hundido en las aguas de la inmoralidad! Estimado pastor, líder, consiervo, o creyente, le ruego en el nombre del Señor Jesús, si tiene puertas abiertas hoy en su vida, ¡ciérrelas! Efesios 4:27 nos exhorta: *"Ni deis lugar al diablo"*. La NVI dice: *"ni den cabida al diablo"*. Las puertas abiertas son una invitación para que entren influencias malignas a nuestras vidas. Las aguas del pecado sexual hundirán nuestro "barco" si no tenemos la precaución de cerrar las puertas.

La búsqueda del "amor", placer sexual, compañerismo, etc., fuera de nuestro matrimonio, no llenará el vacío en nosotros. Serán como algarrobas con las que el pródigo llenó su estómago. Son sustitutos, y nunca podrán satisfacernos. El hombre, (o la mujer), que estén dispuestos a darle la espalda al pecado sexual y volver su rostro hacia Cristo, encontrará en él un amigo fiel que desea ayudarle. Sólo él nos puede liberar de las garras del pecado sexual, cualquiera que sea su forma.

La promesa del Señor es que seremos perdonados si nos volvemos a él en verdadero arrepentimiento. Cuando renunciamos las tinieblas y determinamos andar en la luz, él es fiel para tomarnos de la mano y guiarnos por sendas de santidad y pureza moral. Al poner nuestra vida moral en las manos de Dios, descubrimos una diferencia grande: *las curvas peligrosas* no nos destruirán porque él está manejando.

Terminando bien la carrera

En un capítulo anterior mencionamos a Sansón, quien *"empezó* a liberar a Israel". El rey Saúl también comenzó bien, pero al fin, su vida y reinado eran un desastre. Como ellos, muchos miles de creyentes, líderes y pastores han comenzado bien su

> El pecado sexual fue una bomba de tiempo que hizo pedazos lo que hubiera sido un ministerio honroso y fructífero.

ministerio, pero han terminado en naufragio. El pecado sexual fue una bomba de tiempo que hizo pedazos lo que hubiera sido un ministerio honroso y fructífero.

El apóstol Pablo anhelaba terminar su vida y ministerio con honor y dignidad. En Hechos 20:24 dijo que se esforzaba por cumplir el ministerio que Dios le había encomendado, y acabar su carrera con gozo. ¿La razón? Dar un testimonio limpio y puro "del evangelio de la gracia de Dios". Entre sus últimas palabras encontramos éstas: *"He peleado la buena batalla, he acabado la carrera, he guardado la fe"* (2 Tim. 4:7). Creo que estas palabras están entre las más retadoras de La Biblia. Son un reto para nosotros, para usted y para mí. En la versión La Biblia para Todos, dice: *"He luchado por obedecer a Dios en todo, y lo he logrado; he llegado a la meta, pues en ningún momento dejé de confiar y obedecer a Dios".*

Yo también anhelo terminar mi carrera con gozo. No hay gozo en el mundo, incluyendo el "gozo sexual", que se compare con el gozo de oír a Jesús cuando nos diga: *"Bien hecho, buen siervo y fiel. Entra en el gozo de tu Señor".*

En las carreteras de nuestros países muchos viajeros nunca llegaron a su destino. Una pequeña cruz marca el lugar donde murieron en una curva peligrosa. Cada cruz representa una tragedia innecesaria, y es una lección para nosotros: Las curvas peligrosas existen, pero no tenemos que ser representados por una pequeña cruz al lado de una de ellas.

Para reflexionar...

1. ¿Tiene usted una pasión por Dios en su vida? Si no, ¿qué impide el desarrollo de una vida íntima de comunión con Dios?

2. ¿Por qué es tan importante separarnos de objetos o personas que han sido un peligro para nuestra vida moral?

3. ¿Está usted estableciendo barreras o barandas de seguridad en su vida moral? ¿Cuáles son? ¿Qué medidas está tomando para protegerse de una caída?

Notas

[1] John Maxwell, hablando a miles de varones, en una conferencia de Cumplidores de promesas, en un estadio en EUA en 2002.

[2] Crossland, Don, *Refocusing Your Passions* (*Reenfocando sus pasiones*), Nashville, Tennessee, Star Song Publishing Group, 1994, p. 23

[3] Carnes, Patrick, citado por Mark Laaser en el curso sobre Adicción Sexual, de Light University, Forest, Virginia, Manual de estudio, p. 11

[4] Dallas, Joe, Citado en el libro *The Game Plan* (*Plan de juego*), W Publishing Group, a Division of Thomas Nelson Publishers, 2005, p. 89

Apéndice

Para ofrecer al lector un vistazo rápido y conciso de lo que la Biblia dice acerca del pecado sexual en sus variadas formas, damos, con comentarios, algunos de los muchos textos bíblicos que hablan de este tema. Los textos bíblicos aparecen en *cursivas*, mientras los comentarios se encuentran en fuente normal. (Los textos se han tomado de La Biblia de Las Américas).

El adulterio.

Éxodo 20:14 No cometerás adulterio. Cometer adulterio es quebrantar uno de los diez mandamientos de la Ley Moral de Dios. El 7° mandamiento hace inviolable la unión matrimonial y tiene el propósito de proteger lo sagrado del matrimonio.

Éxodo 20:17 No codiciarás la mujer de tu prójimo. El adulterio comienza con un deseo. Primera de Juan 2:16 habla de "los deseos de la carne", y "los deseos de los ojos". Alguien dijo: "La mejor esposa que puedes tener es la que tienes ahora". Codiciar, o desear tener la mujer de otro varón es quebrantar uno de los diez mandamientos.

Levítico 20:10 "Si un hombre comete adulterio con la mujer de otro hombre... el adúltero y la adúltera ciertamente han de morir".

Impurezas morales

Levítico 20:11 "Si alguno se acuesta con la mujer de su padre, ha descubierto la desnudez de su padre; ciertamente han de morir los dos; su culpa de sangre sea sobre ellos.

12 "Si alguno se acuesta con su nuera, ciertamente han de morir los dos, han cometido grave perversión; su culpa de sangre sea sobre ellos.

13 "Si alguno se acuesta con varón como los que se acuestan con mujer, los dos han cometido abominación; ciertamente han de morir. Su culpa de sangre sea sobre ellos.

14 "Si alguno toma a una mujer y a la madre de ella, es una inmoralidad; él y ellas serán quemados para que no haya inmoralidad entre vosotros.

15 "Si alguno se ayunta con un animal, ciertamente se le dará muerte; también mataréis al animal.

16 "Si alguna mujer se llega a un animal para

ayuntarse con él, matarás a la mujer y al animal; ciertamente han de morir. Su culpa de sangre sea sobre ellos."

Esta lista de prácticas sexuales revela la actitud de Dios hacia ellas: *repugnancia*. Aunque la opinión del hombre moderno puede ser diferente, esto elucida la Ley Moral de un Dios santo al principio de la vida de Su pueblo como nación. Fue por estas cosas que Dios arrojó a los pueblos paganos de Canaán para darle un territorio a Israel. Él prohibió estas cosas para que la tierra no se contaminara con perversiones.

La autodestrucción

Proverbios 6:32 El que comete adulterio no tiene entendimiento; destruye su alma el que lo hace.

1 Corintios 6:18 Huid de la fornicación. todos los demás pecados que un hombre comete están fuera del cuerpo, pero el fornicario peca contra su propio cuerpo.

Enseñanza de Jeremías

Jeremías 23:14 También entre los profetas de Jerusalén he visto algo horrible: cometían adulterio y andaban en mentiras; fortalecían las manos de los malhechores, sin convertirse ninguno de su maldad. Se me han vuelto todos

*ellos como Sodoma, y sus habitantes como
Gomorra.*

Jeremías reprendió a los adúlteros. Los profetas falsos de Israel, en secreto cometían adulterio con las esposas de otros hombres, y luego se paraban en lugares públicos para dar sus "profecías", hablando mentiras en nombre de Jehová. Jeremías tuvo que denunciarlos por su hipocresía. Él repite la reprensión en 29:23: *"Porque obraron neciamente en Israel, cometieron adulterio con las mujeres de sus prójimos y hablaron en mi nombre palabras falsas que no les mandé..."*

La enseñanza de Jesús en torno a la vida moral

Mateo 5:27 Habéis oído que se dijo: "No cometerás adulterio."

28 Pero yo os digo que todo el que mire a una mujer para codiciarla ya cometió adulterio con ella en su corazón.

29 Y si tu ojo derecho te es ocasión de pecar, arráncalo y échalo de ti; porque te es mejor que se pierda uno de tus miembros, y no que todo tu cuerpo sea arrojado al infierno.

30 Y si tu mano derecha te es ocasión de pecar, córtala y échala de ti; porque te es mejor que se pierda uno de tus miembros, y no que todo tu cuerpo vaya al infierno.

Cristo desea que no sólo nuestras acciones sean santas, sino también nuestros motivos. El pecado nace en el corazón, y también la santidad. Un hombre literalmente sacó sus ojos porque luchaba con la lujuria. Es más sensato tratar con el corazón primero, porque si el corazón no cambia, las acciones tampoco cambiarán. El Señor confirma esta verdad en el siguiente texto:

Lo que contamina al hombre

Marcos 7:20 Y decía: Lo que sale del hombre, eso es lo que contamina al hombre.

21 Porque de adentro, del corazón de los hombres, salen los malos pensamientos, fornicaciones, robos, homicidios, adulterios,

22 avaricias, maldades, engaños, sensualidad, envidia, calumnia, orgullo e insensatez.

23 Todas estas maldades de adentro salen, y contaminan al hombre.

La mujer sorprendida en adulterio

Juan 8:3 Los escribas y los fariseos trajeron a una mujer sorprendida en adulterio, y poniéndola en medio,

4 le dijeron: Maestro, esta mujer ha sido sorprendida en el acto mismo del adulterio.

5 Y en la ley, Moisés nos ordenó apedrear a esta clase de mujeres; ¿tú, pues, qué dices?

6 Decían esto, probándole, para tener de qué acusarle. Pero Jesús se inclinó y con el dedo escribía en la tierra.

7 Pero como insistían en preguntarle, Jesús se enderezó y les dijo: El que de vosotros esté sin pecado, sea el primero en tirarle una piedra.

8 E inclinándose de nuevo, escribía en la tierra.

9 Pero al oír ellos esto, se fueron retirando uno a uno comenzando por los de mayor edad, y dejaron solo a Jesús y a la mujer que estaba en medio.

10 Enderezándose Jesús, le dijo: Mujer, ¿dónde están ellos? ¿Ninguno te ha condenado?

11 Y ella respondió: Ninguno, Señor. Entonces Jesús le dijo: Yo tampoco te condeno. Vete; desde ahora no peques más.

¿La mujer era culpable? Sí. ¿Merecía morir? Sí, según la ley de Moisés. Pero, ¿dónde estaba el hombre que adulteró con ella? Según la ley de Moisés, él también debía morir. Pero los religiosos pasaron por alto el pecado de él para concentrarse en la falta de la mujer. Según la ley, sólo los que no fueran culpables del mismo pecado podían participar en el juicio de ella. Este "doble estándar" existe todavía hoy en día. Recuerdo el caso de un joven en Centroamérica que no estaba dispuesto a casarse con una joven cristiana porque ella había tenido relaciones íntimas con otro hombre antes de conocer a Cristo, cuando el joven mismo había tenido relaciones sexuales con varias mujeres.

Gracias a Dios por la compasión de Cristo, lo cual nos recuerda que hay esperanza para los que quedan atrapados en el pecado sexual.

Practica lo que predicas

Romanos 2:21 tú, pues, que enseñas a otro, ¿no te enseñas a ti mismo? Tú que predicas que no se debe robar, ¿robas?

22 Tú que dices que no se debe cometer adulterio, ¿adulteras? Tú que abominas a los ídolos, ¿saqueas templos?

Es fácil predicar a otros sin vivir lo que decimos. A veces, los predicadores que con más energía denuncian el pecado sexual en otros, son culpables de las mismas faltas. Este camuflaje cubre su propio pecado mientras ellos mismos están atrapados. Su condenación de estos actos en otros es para convencerse a sí mismos que realmente están en contra de tal conducta y mantienen normas sanas.

El amor cumple la ley

Romanos 13:9 Porque esto: No cometerás adulterio, no matarás, no hurtarás, no codiciarás, y cualquier otro mandamiento, en estas palabras se resume: Amarás a tu prójimo como a ti mismo.

10 El amor no hace mal al prójimo; por tanto, el amor es el cumplimiento de la ley.

Si de veras amamos a los demás y los tratamos con el mismo cuidado que con nosotros mismos, no estaremos quebrantando la ley moral de Dios. Si amamos al prójimo no robaremos su propiedad, no lo mataremos, no diremos falso testimonio contra él, y no cometeremos adulterio con su esposa. Estas palabras de Pablo hacen eco de la declaración parecida de Jesús en Mateo 7:12, *Por eso, todo cuanto queráis que os hagan los hombres, así también haced vosotros con ellos, porque esta es la ley y los profetas.*

Instrucciones de Pablo

1 Tesalonicenses 4:3 Porque esta es la voluntad de Dios: vuestra santificación; es decir, que os abstengáis de inmoralidad sexual;

4 que cada uno de vosotros sepa cómo poseer su propio vaso en santificación y honor,

5 no en pasión de concupiscencia, como los gentiles que no conocen a Dios;

*6 y que nadie peque y defraude a su hermano
en este asunto, porque el Señor es el vengador
en todas estas cosas, como también antes os lo
dijimos y advertimos solemnemente.*

*7 Porque Dios no nos ha llamado a impureza,
sino a santificación.*

La persona que desea vivir en conformidad con la voluntad de Dios hace bien en tomar en cuenta estas instrucciones. Aprendemos: **1)** santificación, en este contexto, equivale abstinencia de la inmoralidad sexual; **2)** hemos de poseer nuestro "propio vaso" en santificación y honor. Algunos comentaristas creen que "vaso" se refiere a nuestro cuerpo físico, y otros al cónyuge. Es probable que se refiere al cuerpo, pues Pablo habla de esto en otros textos (1 Cor. 9:27; 6:13b, 15–20); **3)** nuestra conducta ha de ser diferente de la de los "que no conocen a Dios". "Concupiscencia" es *epithumía* y quiere decir un deseo ardiente, lujuria, codicia, es tener un vivo deseo, ansia, o un anhelo. Es añorar algo. Hemos de mantener nuestros deseos, como todas nuestras emociones, bajo el control del Espíritu Santo; **4)** pecar de esta manera es defraudar a nuestro hermano; **5)** "el Señor es vengador..." Dios castigará la inmoralidad (Heb. 13:4); 6) nuestro llamado a la santificación excluye la práctica de la impureza (moral o sexual), de manera que no debe formar parte de la vida de ningún siervo de Dios y creyente.

Que la inmoralidad ni se mencione entre creyentes...

Efesios 5:3 Pero que la inmoralidad, y toda impureza o avaricia, ni siquiera se mencionen entre vosotros, como corresponde a los santos... Para gente que quiere vivir en santidad, la inmoralidad sexual no sólo no debe practicarse, sino que aun la idea o pensamiento o mención de ella están prohibidos.

Sin herencia en el Reino de Dios

Efesios 5:5 Porque con certeza sabéis esto: que ningún inmoral, impuro, o avaro, que es idólatra, tiene herencia en el reino de Cristo y de Dios.

6 Que nadie os engañe con palabras vanas, pues por causa de estas cosas la ira de Dios viene sobre los hijos de desobediencia. 7 Por tanto, no seáis partícipes con ellos...

Dos mandamientos importantes

Efesios 5:11 Y no participéis en las obras estériles de las tinieblas, sino más bien, desenmascaradlas...

Aquí hay dos mandamientos para el creyente, uno negativo (que no hemos de hacer), y el otro positivo (que sí hemos de hacer): **1)** "no participéis en las obras de las tinieblas" (¿qué comunión [tiene] la luz con las tinieblas? 1 Cor. 6:14) La vida de un creyente debe manifestar la luz del cielo, no las tinieblas del infierno; y **2)** "sino más bien reprendedlas". No solamente no hemos de participar en estas obras "vergonsozas", sino que hemos de censurarlas, amonestando a otros del riesgo que corren si ellos participan.

Efesios 5:12 porque es vergonzoso aun hablar de las cosas que ellos hacen en secreto.

1 Corintios 5:1 En efecto, se oye que entre vosotros hay inmoralidad, y una inmoralidad tal como no existe ni siquiera entre los gentiles, al extremo de que alguno tiene la mujer de su padre.

Es lamentable cuando la conducta de los inconversos supera la de los cristianos, lo cual sucede en algunos casos. Cuando quedamos atrapados en el pecado sexual, cometemos pecados que ni aun muchos de los "que no conocen a Dios" cometen. Cuando esto ocurre, ¿Qué sucede con nuestro testimonio ante el mundo?

Huye de la fornicación

1 Corintios 6:13 ...el cuerpo no es para la fornicación, sino para el Señor, y el Señor es para el cuerpo...

15 ¿No sabéis que vuestros cuerpos son miembros de Cristo? ¿Tomaré, acaso, los miembros de Cristo y los haré miembros de una ramera? ¡De ningún modo!

16 ¿O no sabéis que el que se une a una ramera es un cuerpo con ella? Porque El dice: Los dos vendrán a ser una sola carne.

17 Pero el que se une al Señor, es un espíritu con El.

*18 **Huid** de la fornicación. Todos los demás pecados que un hombre comete están fuera del cuerpo, pero el fornicario peca contra su propio cuerpo.*

19 ¿O no sabéis que vuestro cuerpo es templo del Espíritu Santo, que está en vosotros, el cual tenéis de Dios, y que no sois vuestros?

20 Pues por precio habéis sido comprados; por tanto, glorificad a Dios en vuestro cuerpo y en vuestro espíritu, los cuales son de Dios.

*2 Timoteo 2:22 **Huye**, pues, de las pasiones juveniles y sigue la justicia, la fe, el amor y la paz, con los que invocan al Señor con un corazón puro.*

José, un excelente ejemplo.

Génesis 39:7 Sucedió después de estas cosas que la mujer de su amo miró a José con deseo, y le dijo: Acuéstate conmigo.

8 Pero él rehusó, y dijo a la mujer de su amo: Mira, estando yo aquí, mi amo no se preocupa de nada en la casa, y ha puesto en mi mano todo lo que posee.

9 No hay nadie más grande que yo en esta casa, y nada me ha rehusado, excepto a ti, pues tú eres su mujer. ¿Cómo entonces iba yo a hacer esta gran maldad y pecar contra Dios?

10 Y ella insistía a José día tras día, pero él no accedió a acostarse con ella, o a estar con ella.

11 Pero sucedió un día que él entró en casa para hacer su trabajo, y no había ninguno de los hombres de la casa allí dentro;

12 entonces ella lo asió de la ropa, diciendo: ¡Acuéstate conmigo! Mas él le dejó su ropa en la mano, y <u>salió huyendo afuera</u>.

13 Y cuando ella vio que él había dejado su ropa en sus manos y <u>había huido afuera</u>...

José literalmente huyó de la inmoralidad con la mujer de Potifar, a pesar de la insistencia continua de ella. Él es nuestro ejemplo en esta área de vida y también evidencia de que es posible resistir la tentación sexual. Creo firmemente que el secreto para resistir la tentación está en formar convicciones *antes* del momento de la tentación. El versículo 9 nos da la clave: "¿Cómo entonces iba yo a hacer esta gran maldad y pecar contra Dios"? Estas palabras revelan que José había tomado la decisión previa de no cometer un acto de ese tipo. Una decisión tomada previamente constituye una convicción. Si esperamos hasta el momento de la tentación, con su pasión, delirio, ardor y euforia, es demasiado tarde.

¿Para qué sirve la ley?

1 Timoteo 1:8 Pero nosotros sabemos que la ley es buena, si uno la usa legítimamente, 9 reconociendo esto: que la ley no ha sido instituida para el justo, sino para los transgresores y rebeldes, para los impíos y pecadores... 10 para los inmorales, homosexuales, secuestradores, mentirosos, perjuros, y para cualquier otra cosa que es contraria a la sana doctrina...

Pablo dice que el problema con el hombre no es la ley. Ella es buena. El problema viene cuando no la guardamos. La ley (de Moisés) fue dada para revelar nuestra desobediencia y refrenar las tendencias del hombre hacia estos pecados. Pero la ley no da el poder para resistir el pecado y caminar en santidad de vida. Sólo Jesucristo y el poder del Espíritu Santo lo pueden hacer.

El matrimonio sea honroso

Hebreos 13:4 Sea el matrimonio honroso en todos, y el lecho matrimonial sin mancilla, porque a los inmorales y a los adúlteros los juzgará Dios.

El placer sexual ha de derivarse única y exclusivamente del matrimonio. Es la provisión que Dios ha hecho para satisfacer esta necesidad en el hombre y la mujer, y toda actividad sexual fuera del matrimonio será juzgada por Dios.

Cambiando el diseño de Dios

Romanos 1:24 Por consiguiente, Dios los entregó a la impureza en la lujuria de sus corazones, de modo que deshonraron entre sí sus propios cuerpos...

26 Por esta razón Dios los entregó a pasiones degradantes; porque sus mujeres cambiaron la función natural por la que es contra la naturaleza;

27 y de la misma manera también los hombres, abandonando el uso natural de la mujer, se encendieron en su lujuria unos con otros, cometiendo hechos vergonzosos hombres con hombres, y recibiendo en sí mismos el castigo correspondiente a su extravío.

Si tratáramos de cambiar la función de un avión, manejándolo en una carretera, o de un automóvil, intentando volar en él; si tratáramos de comer un libro o leer una comida, sería insensato, fuera de nuestros cabales. Cada cosa tiene que usarse conforme al diseño para el cual fue creada. Pero el hombre ha tratado de cambiar el diseño de Dios para el sexo cuando hombres practican relaciones sexuales con hombres y mujeres con mujeres. Solamente cuando usamos lo que Dios nos ha dado para el propósito que él diseñó, recibiremos el gozo y la satisfacción que él quiso.

Ejemplos para nosotros

1 Corintios 10:6 Estas cosas sucedieron como ejemplo para nosotros, a fin de que no codiciemos lo malo, como ellos lo codiciaron.

7 No seáis, pues, idólatras, como fueron algunos de ellos, según está escrito: El pueblo se sentó a comer y a beber, y se levantó a jugar.

8 Ni forniquemos, como algunos de ellos fornicaron, y en un día cayeron veintitrés mil.

Entre otros pecados como la idolatría, la murmuración, la codicia, el tentar a Dios, etc., se menciona la fornicación. Como consecuencia de este pecado del pueblo de Israel, perecieron veintitrés mil personas (Núm. 25:1–18). El versículo seis dice, "Mas estas cosas sucedieron como ejemplos para nosotros" para que no caigamos en los mismos errores. Hay un camino mejor –el de la obediencia. Recuerde, la obediencia trae la bendición de Dios; la desobediencia trae maldición (Deut. 11:26–28).

Lo que lleva a la tentación

Santiago 1:13 Que nadie diga cuando es tentado: Soy tentado por Dios; porque Dios no puede

*ser tentado por el mal y El mismo no tienta a
nadie. 14 Sino que cada uno es tentado cuando
es llevado y seducido por su propia pasión. 15
Después, cuando la pasión ha concebido, da a
luz el pecado; y cuando el pecado es consumado,
engendra la muerte.*

¿Cuándo es tentado uno? Cuando es atraído y seducido por su propia pasión que está en el corazón. Puede existir una inclinación en nosotros hacia cierto tipo de pecado. Luego viene la concepción. La concepción ocurre cuando hay contacto entre dos elementos, en este caso: 1) el deseo, la tendencia o propensión dentro de nosotros hacia cierto pecado ("pasión", o concupiscencia); y 2) el elemento que desde afuera activa la pasión (una imagen, un toque, una mirada, el coqueteo, etc). Es el fósforo que enciende la mecha. Cuando esta pasión es concebida, da a luz el *acto* de pecado, y el pecado, cuando es consumado, produce su fruto: la muerte.

Limpiémonos de toda contaminación

*2 Corintios 7:1 Por tanto, amados, teniendo estas
promesas, limpiémonos de toda inmundicia de la
carne y del espíritu, perfeccionando la santidad
en el temor de Dios.*

Dios no nos manda hacer algo imposible. Cuando él nos manda limpiarnos de toda inmundicia, etc., es porque es posible hacerlo, no en nuestra propia capacidad sino con la ayuda de él. Así que, amado hermano, siervo de Dios —cobre ánimo. Por el poder de Dios y con Su ayuda *¡podemos ser más que vencedores en Cristo!* Podemos limpiarnos de los hábitos, costumbres, y actos que contaminan nuestras vidas y ministerios. Que Dios le bendiga al caminar usted...

...en pos de la pureza moral.

Bibliografía

Martínez, José Luis, *¿Es bíblico restaurar al ministro que cae en pecado sexual?*, Casa Bautista de Publicaciones, 1977.

Trull, Joe E. y Carter, James E., *Ética ministerial: Sea un buen ministro en un mundo no tan bueno*, El Paso, Casa Bautista de Publicaciones, 1997.

Maldonado, Guillermo, *La inmoralidad sexual*, Miami, Florida, ERJ Publicaciones, 2006.

Cloud, Dr. Henry y Townsend, John, *Límites*, Miami, Florida, Editorial Vida, 2001.

Stephen Arterburn y Fred Stoeker, *La batalla de todo hombre*, Colorado Springs, Colorado, Waterbrook Press, 2000.

¿Ha sido este libro una ayuda y bendición para su vida? Si lo ha sido, le invitamos a escribirnos a la dirección de correo electrónico dada abajo. Sería un gozo para nosotros recibir su testimonio.

Gracias, y Dios lo bendiga grandemente.

larryschnedler@gmail.com

OTRO LIBRO DE LARRY SCHNEDLER

Y Constituyeron Ancianos...

- ¿Qué es un "anciano?"
- ¿Cómo difiere de "obispos" y "pastores?"
- ¿Qué dice la Biblia acerca de la importancia de los ancianos en la iglesia local?
- ¿Cuáles son sus funciones?
- **Requisitos y responsabilidades de los ancianos**
- **La selección de ancianos**

La formación del equipo pastoral en la iglesia local incluye la participación de ancianos, (o pastores asistentes). En este libro usted aprenderá a seleccionar a las personas más aptas para formar parte de su equipo de liderazgo, y cómo trabajar en unidad y armonía para que la iglesia avance.

El autor, Larry Schnedler, ha sido misionero en América Latina por casi cincuenta años y ha conducido numerosos seminarios, enseñando éste y otros temas afines sobre la iglesia local y ministerio.

Para mayor información o pedidos, contacte:
larryschnedler@gmail.com
Otra obra de Larry Schnedler:

Establezca su Iglesia,

Descubra las 7 piedras fundamentales
para edificar con éxito.

Las siete piedras que deben ser asentadas en el
fundamento de la iglesia local son:

- La visión de Dios para la iglesia
- La autoridad y el liderazgo del pastor
- La cobertura espiritual
- El gobierno de la iglesia

- Las relaciones interpersonales en la iglesia
- Los ministerios de la iglesia
- Los creyentes en la iglesia

Para información sobre pedidos, escriba a:

larry@PanAmericanMinistries.org,
o visite nuestra página Web:

www.PanAmericanMinistries.org